プリキュア20周年アニバーサリー

プリキュア コスチューム クロニクル

Costume ♥ Chronicle

Precure 20th Anniversary

監修／東映アニメーション

KODANSHA

PRECURE 20th ANNIVERSARY

2004年に放送が始まった「プリキュア」シリーズは、ついに20周年を迎えました。いつも私たちの心を惹きつけて離さないプリキュアの魅力のヒミツをさぐるため、78人のコスチューム、ファッションを徹底取材。プロデューサー、キャラクターデザイナーなどによる制作秘話も交えて、より深いプリキュアの魅力に迫ります！

2004 ふたりはプリキュア

2005 ふたりはプリキュア Max Heart

2006 ふたりはプリキュア Splash☆Star

2007 Yes！プリキュア5

2017 キラキラ☆プリキュアアラモード

2018 HUGっと！プリキュア

2019 スター☆トゥインクルプリキュア

2020 ヒーリングっど♥プリキュア

2021 トロピカル～ジュ！プリキュア

2008
Yes！プリキュア5 GoGo！
2009
フレッシュプリキュア！
2010
ハートキャッチプリキュア！
2011
スイートプリキュア♪
2012
スマイルプリキュア！
2013
ドキドキ！プリキュア
2014
ハピネスチャージプリキュア！
2015
Go！プリンセスプリキュア
2016
魔法つかいプリキュア！
2022
デリシャスパーティ♡
プリキュア
2023
ひろがるスカイ！プリキュア

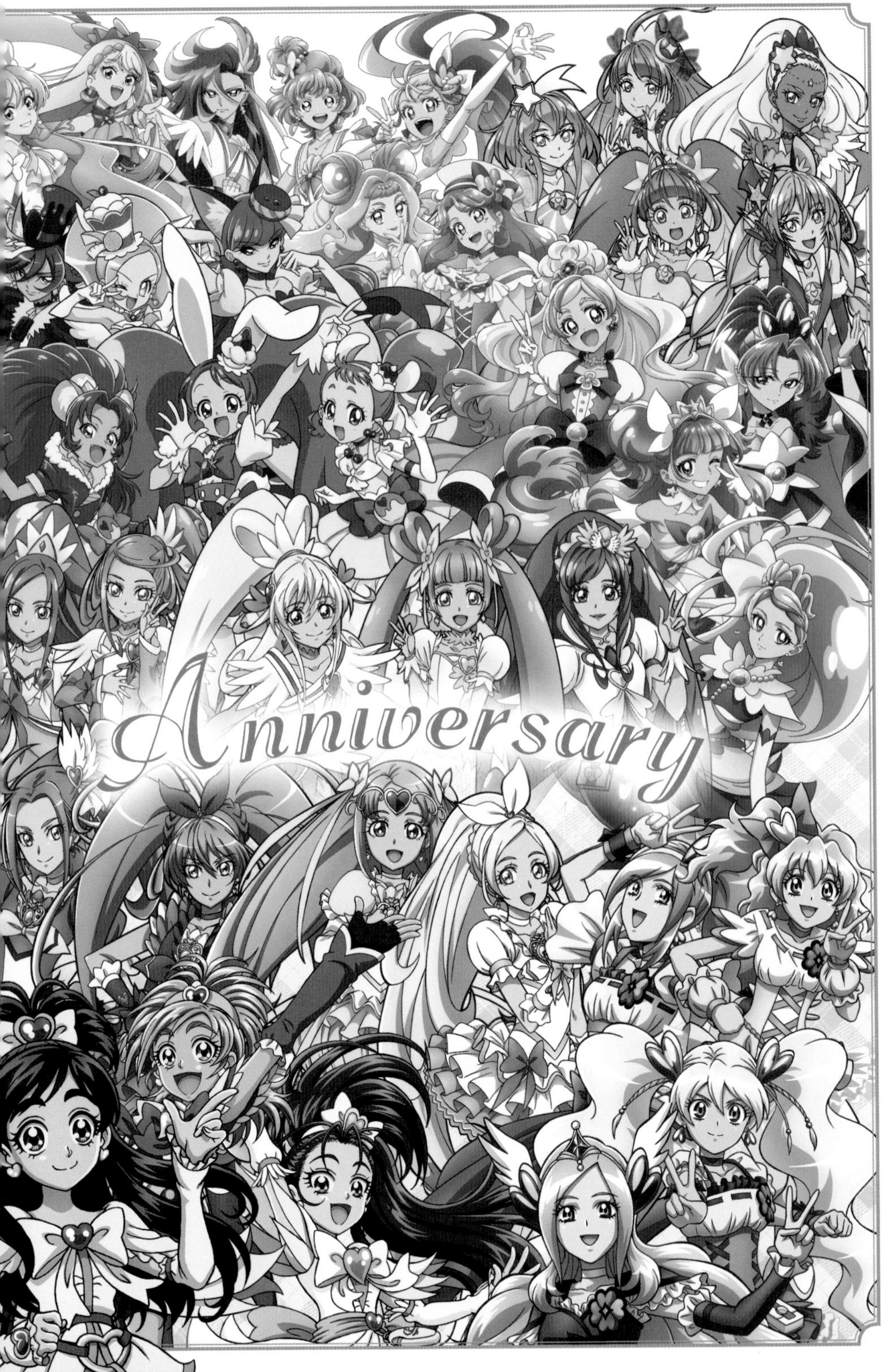
Anniversary

Precure 20th

Contents 目次

Precure Costume Chronicle

Precure Fashion File

かわいさの理由別♡

プリキュアファッションファイル

Cure Black

Cure White

キュアホワイト↓26ページ

キュアブラック↓24ページ

Part01 Color 色

それぞれにテーマカラーが決まっているプリキュア。『ふたりはプリキュア』のブラックとホワイトにはじまり、ピンク、ブルー、イエロー、パープル、グリーン、レッド、その他を色別にご紹介します！

Part02 Detail ディテール

個性や性格に、その時代のトレンドがプラスされて決まるプリキュアの服。細かい部分にこそこだわりが宿っています。トップスからスカート、足もとまで、パーツやアイテム別にご紹介します！

プリキュア
ファッションファイル
Part1 色

プリキュアのキャラクター性は、イメージカラーが与える第一印象通りのこともあれば、思い切り意外性のある場合も。「ピンク＝かわいい」「ブルー＝クール」といった型にははまらないのがプリキュアの魅力！各カラー別にみんなをチェック！

Pink

キュアブロッサム↓66ページ
キュアピーチ↓56ページ
キュアホイップ↓138ページ
キュアメロディ↓76ページ
キュアエール↓152ページ
キュアラブリー↓110ページ
キュアプレシャス↓208ページ
キュアスター↓170ページ

Blue

キュアビート↓80ページ
キュアビューティ↓94ページ
キュアダイヤモンド↓100ページ
キュアスパイシー↓210ページ
キュアマリン↓68ページ
キュアマーメイド↓122ページ
キュアプリンセス↓112ページ

キュアアクア↓46ページ
キュアベリー↓58ページ
キュアジェラート↓142ページ
キュアフォンテーヌ↓186ページ
キュアラメール↓204ページ
キュアアンジュ↓154ページ
キュアスカイ↓220ページ

Yellow Orange Gold

シャイニールミナス↓28ページ
キュアカスタード↓140ページ
キュアソレイユ↓174ページ
キュアエトワール↓156ページ
キュアフィナーレ↓214ページ
キュアサニー↓88ページ
キュアウィング↓224ページ
キュアレモネード↓42ページ
キュアトゥインクル↓124ページ

Purple
ミルキィローズ⬇48ページ
キュアフォーチュン⬇116ページ
キュアムーンライト⬇72ページ
キュアソード⬇104ページ
キュアコーラル⬇198ページ
キュアマジカル⬇132ページ
キュアアース⬇190ページ
キュアセレーネ⬇176ページ
キュアマカロン⬇144ページ
キュアアムール⬇160ページ
キュアマジェスティ⬇228ページ
Green
キュアフェリーチェ⬇134ページ
キュアミント⬇44ページ
キュアマーチ⬇92ページ
キュアミルキー⬇172ページ

Red
キュアルージュ↓40ページ
キュアスカーレット↓126ページ
キュアパッション↓62ページ
キュアエース↓106ページ
キュアショコラ↓146ページ
キュアフラミンゴ↓202ページ
キュアマシェリ↓158ページ
White
キュアイーグレット↓34ページ
キュアリズム↓78ページ
キュアプリズム↓222ページ
Rainbow
キュアサマー↓196ページ
キュアパルフェ↓148ページ
キュアコスモ↓178ページ

Parts

〈プリキュア〉
ファッションファイル
Part2 ディテール

かわいくておしゃれに見えるプリキュアのコスチュームを形作っているのは、ディテール部分のデザイン。みんなの心をときめかせるパーツやアイテムと、戦うための服という目的を両立させる、プリキュアならではのこだわりがいっぱい！

リボン

プリキュアのコスチュームといえばまず思い浮かぶのは、かわいいリボン！ヘア・胸元・ウエスト・ブーツなど、リボンで飾られる場所は様々。形や大きさはもちろん、立体感までも細かく考え抜かれたデザインで、キャラクターにラブリーで華やかな印象をプラスしている。

羽モチーフ

袖口やヘアアクセなどに用いられている羽モチーフ。シリーズ５人共通でヘアに羽が飾られた「スマイルプリキュア！」をはじめ、キュアイーグレットやキュアフラミンゴなど、羽のイメージでデザインされたコスチュームも。

フリル&レース

フリルやレースがたっぷりのスカートは華やかで、見ているだけでテンションが上がるもの！「着てみたい！」と思わせるコスチュームデザインで、子どもたちの心を強くつかんでいる。

パフスリーブ

多くのプリキュアに見られるパフスリーブ。ふわりと丸いシルエットがやわらかで、かわいらしい印象を与えている。その細部はキャラクターそれぞれに特徴的で、肩からのシルエットや袖口のデザインは、バラエティに富んでいる。

Skirt

バルーンスカート

風船のように丸くふくらんだシルエットのバルーンスカートは、愛らしく、しかも脚が細く長く見える効果アリ！　ふんわりしたボリューム感で、おしゃれなイメージをプラスする役割も。

長め丈

ミニ丈のスカートが主流のプリキュアコスチュームの中で、ロングドレスは後から登場する戦士に多く見られ、大人っぽくて高貴な印象を与える。ロングドレスで技を繰り出す「Go!プリンセスプリキュア」のコスチュームは、「着てみたい！」コスチュームとしての人気も高い。

Tops

ジャケット／ベスト

“鼓笛隊”や“スクールガール”などのイメージでデザインされたカッチリした印象のジャケット＆ベストはチーム感たっぷり。

レースアップ

中世の貴族のドレスを思わせる編み上げが、ポイントで使われているトップス。フリルやリボンとの相性も良く、さりげなくおしゃれ感を演出。

肩見せ

初期には見られなかった肩見せスタイル。プリキュアの戦い方や動きの多様化にともなって、肩まわりのデザインも様々に変化している。

お腹出し

“大人っぽい”または“活発”なイメージのお腹出しデザイン。より動きやすく、戦いやすいという利点もあるそう。

Footwear

ブーツカバー

カバーの先にもフリルがあしらわれ、戦闘時に大地を踏みしめる足元をガーリーに彩っている。

編み上げデザイン

ロングブーツやソックスにかわいい編み上げや網タイツが華を添えて、コーデのおしゃれ度アップ！

ショートブーツ

折り返したり、ニーハイソックスを合わせたり、デザインとアレンジは様々。

ニーハイブーツ

すらっと長い脚が強調されて、スタイルが良く大人っぽい印象に。

Accessories

アームカバー

手の甲まで隠れるアームカバーは、戦う時の防具としての役割も兼ね備える。

グローブ

グローブは、コスチュームをドレッシーに見せ、ときにはパワフルな印象も与える。色や長さにも細かく気を配ったデザインが素敵。

ブレスレット

シンプルなバングルからボリューミーなタイプまで様々で、手首を華やかに彩っている。

チョーカー

首元を飾るチョーカーは、激しく動いても邪魔にならないタイトなシルエット。

ミュージアム

プリキュア78人のファッションの魅力を、キャラクターデザイナーやプロデューサーに取材。東映アニメーション総合監修のもと、それぞれのキャラクターデザインの生み出された背景や理由、裏話、こだわりのポイントに迫ります！

2004-2005

ふたりはプリキュア

キャラクターデザイン：稲上 晃

スポーツ万能で人気者の美墨なぎさ、勉強が得意で成績は常にトップクラスの雪城ほのかが
妖精メップルとミップルに出会い、伝説の戦士・プリキュアに変身する能力を与えられた。
趣味も性格も違うふたりが手を取り合って協力し、メップルたちの故郷である
「光の園」を襲撃するドツクゾーンから送り込まれる邪悪な敵に立ち向かう。
普通の女の子だった生活が、ぶっちゃけありえないほど変わっていく！

2005-2006

ふたりはプリキュア Max Heart

キャラクターデザイン：稲上 晃

ドツクゾーンとの戦いを終え、なぎさとほのかは普通の女の子に戻り、3年生に進級。
「光の園」ではジャアクキングとの戦いで傷ついたクイーンが分裂し、どこかへ消えてしまっていた。
一方、なぎさとほのかのもとにザケンナーが再び現れ、ふたりはプリキュアに変身。
パワーアップしたキュアブラックとキュアホワイトに、
不思議な少女・九条ひかりもシャイニールミナスとなって加わる。

キュアブラック

決まっていたのは「白と黒のバディでアクションもの」という設定。今までピンクや白が定番だったヒロインのコスチュームに「黒」を採用し、今までにない、パワフルで情熱的な新ヒロインが誕生した。

Fashion Point

お腹部分はカバーし、スパッツと同素材に

フリルの位置や分量が変化。ちなみに肩はパッド入り、首元はシースルー素材になっている。ベルトはレザー製なので、ハイライトは描かれない(!)。

毛先を横に流したふんわりショートヘア

前髪にボリュームを持たせ、横にふわりと流した動きのあるショートヘアが、ブラックの活発な性格を表現。現実にあり得る髪色で、という主義のもと、ギリギリの茶髪を狙っている。

肩部分はアーマーを意識！アクションスーツ

プリキュアは戦うので、コスチュームはボディスーツやアーマー(甲冑)を意識。ベルトが下がっているのも、西部劇のガンホルダー的なイメージから。

ふたりはプリキュア

素手での戦いをサポートするパーツ

アームカバーは手の甲まで、ブーツカバーも足首までをカバー。手先、足先などの末端のボリュームが、アクションシーンでの迫力にもつながっている。

ふたりはプリキュア Max Heart

目的に合ったものをコスチュームに

プリキュアが戦う存在であることに、見ている人が感情移入しやすいよう、目的に合う機能性のあるコスチュームにこだわった。関節をできるだけ覆っているのもそのため。

CV. 本名陽子さんに聞きました

パワーをもらえるキュアブラックのコトバ

“ 私たちの中に、
希望と勇気がある限り
私たちは誰にも絶対負けない！ ”

(ホワイトとの割り台詞なのですが)「ふたりはプリキュア Max Heart」シリーズ最終話。限界を超えてもなお立ち上がったふたりがいう台詞。どんな状況になっても、この言葉を思い出せば前を向けるので、今も大切にしている言葉です。

キュアブラックのファッションここがスキ！

変身後のコスチュームで、ブーツカバーになっている足元が格好よくて好きです！力強さを感じさせつつも、ピンクのレースがさり気なくあしらわれていて可愛さもある。技を出すときにグッと踏みしめるアップなどぜひ注目していただきたいです。

デュアル・オーロラ・ウェイブ！
光の使者
キュアブラック！

美墨《みすみ》なぎさ

ベローネ学院女子中等部に通い、ラクロス部に所属する元気いっぱいの女の子。勉強は苦手で男勝りな雰囲気だが、花嫁に憧れるなど、女の子っぽい一面も持っている。

なぎさが変身するプリキュア。光の園を侵略し、世界を闇に染めようとする悪の勢力ドツクゾーンが生み出す怪物ザケンナーと戦うため、カードコミューンとなったメップルの力でキュアブラックになり、キュアホワイトとともに戦う。「ぶっちゃけありえな〜い！」

ふたりはプリキュア Max Heart

デュアル・オーロラ・ウェイブ！
光の使者 キュアホワイト！

雪城《ゆきしろ》ほのか

ベローネ学院女子中等部に通い、科学部に所属。成績は常にトップクラスで、クラス委員も務める優等生。お嬢様育ちで物腰はやわらかいが、間違ったことは見逃せない性格。

ほのかが変身するプリキュア。同級生のなぎさとともに光の園からやってきたという妖精ミップルから変身するように告げられ、プリキュアカードをスラッシュするとキュアホワイトになった。自分とは全く性格の違うなぎさとともに、邪悪な敵と戦っていくことになる。

キュアホワイト

黒髪のロングヘアで清楚な雰囲気だが、意志の強さを太眉で表現。ブラックのアクションがアスリートなら、ホワイトのアクションはバレリーナや体操選手。コスチュームにもふたりの対照性を反映させている。

Fashion Point

胸元のリボンにハートが追加に

コンセプトは変わらず、ハートモチーフが追加。ちなみに、ホワイトの髪留めのハートも胸のハートも硬質な素材、アームカバーのハートはクッション系素材。

スカートは重ね着風に！スポーティさをプラス

スカートは、カバーをつけるイメージで二重に。パイピングのラインが増え、ややスポーティな印象に。フリルやレースなど、女の子が好きな要素はキープ。

ふたりはプリキュア Max Heart

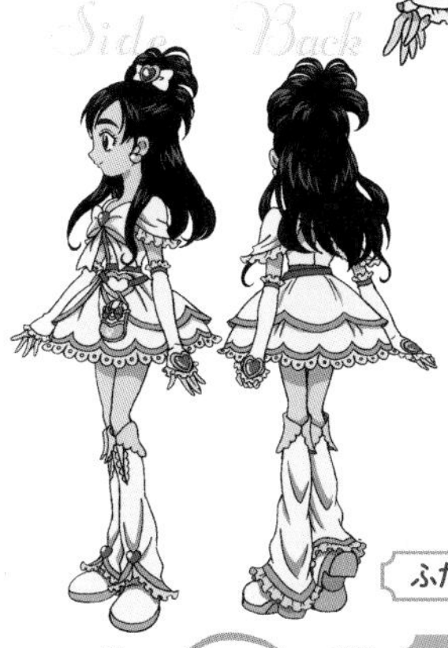

清楚な黒髪ロング！でも眉はやや太め

ツヤのある黒髪をハーフアップにしている。意志の強さは太眉で表現。「フェミニンなら細眉」「ボーイッシュなら太眉」の既成概念を覆す試みが成功。

バレリーナのイメージを“戦える仕様”に

ワンピース部分はバレリーナの衣装を参考に、フィット＆フレアのシルエット。ブラック同様、肩カバーやアームカバー、ブーツカバーを装着している。

ふたりはプリキュア

ティーン誌や雑誌広告、絵画までイメージ元に

デザインにあたり、大量の資料を準備。当時のティーン誌、女性誌、ヘアカタログなど、たくさん見てイメージソースに。

CV. ゆかなさんに聞きました

パワーをもらえるキュアホワイトのコトバ

“絶対負けない”

決め台詞ではないですが、力及ばずな時に奮い立たせるセリフです。勝ち負けではないから「絶対勝つ」ではなく。でも、「絶対負けない」。

キュアホワイトのファッションここがスキ！

シンプルなところです。髪型も、服装も、どこか近くにいるような素朴なところが好きです。

シャイニールミナス

２作目の「ふたりはプリキュア Max Heart」から登場したキャラクター。黒と白、どちらにも属さない "光" のイメージ。デザインは金色に光り輝くクイーンを意識し、金髪でフサフサ、おでこを出した髪型は、清潔感やすっきり感がポイントに。

Fashion Point

ゴールドに輝くフサフサの髪！

潔く出したおでこと、大きなツインテールがポイント。パワーアップ時には光の国のクイーンのようにボリュームがさらにアップする。

スカートや髪型は実物を観察して検討

ルミナスのワンピースのふんわりした感じや、変身前の編み込みの髪型、ひっつめた感じなどは、実物を何度もスケッチし、納得いくまで練り直した部分。

リボンベルトでポーチを携帯

ベルトがない分、変身アイテムを入れるポーチは、ゴールドのリボンベルトを使って携帯。シルクのような素材で、ピンクと白のワンピースの差し色になっている。

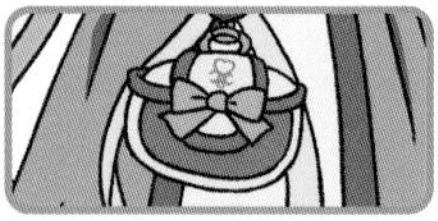

胸の下で切り替えたワンピーススタイル

高めの位置で切り替えたワンピースは２色使い。羽根のような飾りがついた裾部分は、大きな波形にカットし、動きを出している。肩部分にはカバーを。

透明感やちょっと不思議な感じを意識

ルミナスは、キャラクター的に無表情気味だったり、感情を動かさない感じ。コスチュームや私服も、２人とは違うふわっとしたイメージにしている。

CV. 田中理恵さんに聞きました

パワーをもらえるシャイニールミナスのコトバ

“本気で怒ってくれるのは、仲良しのしるしポポ！”

ポルン「怒ってくれて嬉しいポポ」ひかり「どうして……」ポルン「本気で怒ってくれるのは、仲良しのしるしポポ！」（「ふたりはプリキュア Max Heart」第8話）ポルンとの絆が深まるシーンで心温まるワンシーンでした。関心や興味がある相手だからこそ本気で怒ったり一喜一憂したりするんだと思います。

シャイニールミナスのファッションここがスキ！

タコカフェでお手伝いしていた時のお洋服が好きです。タコカフェエプロンも可愛いですね。

ルミナス・シャイニング・ストリーム！

輝く命 シャイニールミナス！

Shiny Luminous

　なぎさとほのかが戦う姿を目撃し、タッチコミューンとなったポルンの力で変身した、ひかりの姿。攻撃することが苦手なので、敵からの攻撃を防ぐような技や、他の２人をサポートするような技を使う。なぎさとほのかと3人で繰り出す合体技もある。

九《く》条《じょう》ひかり

ベローネ学院女子中等部１年生。なぎさとほのかの前に現れ、不思議な雰囲気を漂わせる。
　見おとなしそうだが芯は強く、世間の常識と少しズレているところもある。

Column 1
なりきりキャラリートキッズ①

「プリキュアになりたい！」という願いを叶えてくれるのが"なりきりキャラリートキッズ"。アニメ設定の再現性が非常に高く、子どもたちを夢のプリキュアの世界へいざなってくれる。

ふたりはプリキュア

キュアブラック

「黒」の人気キャラクターを生み出すべく、人気のなかった真っ黒のワンピースをかわいくしようと考え出されたのが、ピンクのフリルとのかけあわせ。フリルとハートが効果的に施され、「黒」のイメージを変える、劇的にかわいくて斬新なコスチュームが誕生！　ブーツカバーには足元までプリキュアになりきれるようにという作り手のこだわりが込められている。

キュアホワイト

主人公の「黒」に対して、反対色であり人気色である「白」で作られた。ドレッシーな仕上がりはウェディングドレスを彷彿とさせる、まさに女児の夢を叶える一着だった。キュアホワイトの"お嬢様"というキャラクターへの憧れからも子どもたちの心を惹きつけ、大人気のコスチュームとなった。

2004-2005

2005-2006

2006-2007

ふたりはプリキュア Max Heart
キュアブラック／キュアホワイト

前作からの設定を活かしつつ、キュアブラック・キュアホワイトともに、フリルとハートが増量された豪華なデザイン。キュアブラックは、メインカラーがネイビーになって、進化した印象。お腹を隠したいという声を受けて、ワンピース型に変更されている。キュアホワイトは、水色のフリルが多く入って清楚ながらも洗練されたイメージに。

ふたりはプリキュア Splash☆Star
キュアブルーム

花を意味する"bloom"。その名のとおり、花びら形のスカートがポイント。ピンクをメインに、色数が多くカラフルなコスチュームになっている。初代からこのシリーズまでは、7～9歳向けの商品で身長115～125㎝と大きめのサイズだった。番組視聴者の低年齢化を受けて、その後95～115㎝向けの展開となった。

2006-2007

ふたりはプリキュア Splash☆Star

キャラクターデザイン：稲上 晃

夕凪中学校に通う日向咲のお気に入りの場所、丘の上の大空の樹の元で会ったのは、同じクラスに転入してきた美翔舞だった。実は５年前、この場所でふたりは不思議な体験をしていたのだ。それを思い出させてくれたのは「泉の郷」からやってきたという妖精フラッピとチョッピで、ふたりに「泉の郷」とこの世界を守ってほしいと懇願する。こうしてふたりは伝説の戦士・プリキュアとなり、邪悪な力に立ち向かう。

デュアル・スピリチュアル・パワー！
かがやく金の花、
キュアブルーム！

日向《ひゅうが》咲《さき》

夕凪中学校に通う、ソフトボール部に所属する元気な2年生。明るくて元気いっぱい、いつもみんなの盛り上げ役。母親はパン職人で父親はパティシエ、家はパン屋を経営。

咲が変身する大地のプリキュア。邪悪な敵と戦うと決め、フラッピとチョッピに導かれてプリキュアになった。決め技の「プリキュア・ツイン・ストリーム・スプラッシュ」で敵を倒す。また、物語後半で月のプリキュア、キュアブライトにも変身。「絶好調ナリ！」

キュアブルーム

「自然」をモチーフにキャラクターや世界観も一新。前作とは異なり、ふたりの身長は同じくらいに設定し、さらに前作の“妹分”的な雰囲気を意識。「花鳥風月」の花と鳥をイメージに、ふたりのデザインを進めた。

Fashion Point

首元は植物っぽい緑のシースルー

ドレスは花束的な色味を表現。首元は葉や茎を思わせるグリーンのシースルー、袖部分にも花びらのような薄ピンクのフリルが。中には紫のボディスーツを着用している。

ブーツカバーのはき口は上から見ると花の形!

ブーツカバーのはき口は、上から見ると5枚の花びらでできたフラワーモチーフ。ひざ部分にもきちんとひざ当てを作っていて、機能面のデザインも丁寧。

アイドル風ディテールもアクションスーツっぽく

プリキュアは戦うので、小さい子に人気のディテールを取り入れながらも、コスチュームにする際は、アクションスーツっぽくアレンジしている。

キュアブライト

広がる髪型はひまわりのイメージ

ブルームは花がモチーフ。ヘアスタイルは花びらが開いたひまわりをイメージ。“ビッグスマイル”という愛称の品種があると聞き、口も大きめに描いている。

何枚も重ねたスカートで花を表現

横から見ると花のようなデザイン。花びらのように重ねたスカートには、動きやすいようにスリットが。ベルトは、ハートの中央部分も含めレザー製。

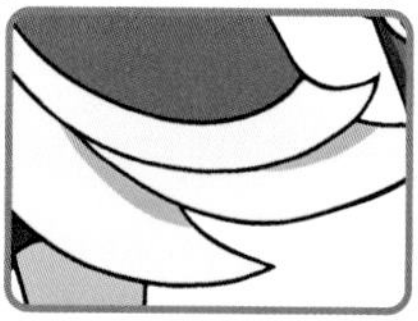

CV. 樹元オリエさんに聞きました

パワーをもらえるキュアブルームのコトバ

“だからプリキュアはふたりなの!”

劇場版でイーグレットと一緒に言ったセリフ「だからプリキュアはふたりなの!」補い合って戦う二人の関係がすごくでていたんじゃないかと思います。

キュアブルームのファッションここがスキ!

ブルームのパイナップルのような髪型。派手だし、陽気な感じがすごくかわいいです。

キュアイーグレット

イーグレットは、「花鳥風月」の鳥、具体的には「しらさぎ」をイメージしている。前作は「対照的なふたり」だったが、本作は「ふたりでひとり」がテーマ。ブルームと並んだときも、親しみやすい“ツイン感”が漂う。

ヘアスタイルも しらさぎをイメージ

前髪ごと後ろでまとめ、高い位置でポニーテールに。後ろの髪の毛の流れるようなラインや、上の逆立った部分がしらさぎの頭部から首の曲線・羽を思わせる。

ブーツカバーにも 羽っぽい意匠を

ブーツカバーは、甲の部分にスリットが入ったところはブルームとお揃いだが、イーグレットは、はき口の絞りにも羽らしい飾りをあしらっている。

「立ちポーズ」にも 大きなこだわり！

初代から、あざとさが感じられるポーズは取り入れない方針。どのキャラクターも、凛々しさの感じられる立ち姿を目指している。

肩の部分は重なる 羽のイメージ

肩の部分はしらさぎが羽を重ねているようなデザイン。外側の部分はオフホワイト、内側の部分は薄いブルー。胸元のハートは髪飾りや足元にも使われている。

動きが引き立つ イレギュラーデザイン

鳥の羽や翼をイメージさせるスカートデザイン。動きの中でも美しく見えるイレギュラーな裾や、腰のあたりで４本になっている長いリボンがポイント。

キュア ウィンディ

CV. 榎本温子さんに聞きました

パワーをもらえるキュアイーグレットのコトバ

今、プリキュアと共に！

決め技の口上、「今、プリキュアと共に！」が気に入っています。
プリキュアと一緒なら何にも怖くない♪

キュアイーグレットのファッションここがスキ！

キュアウィンディの時の乙姫様みたいな肩のリボンが気に入っています。

デュアル・スピリチュアル・パワー！
きらめく銀の翼、
キュアイーグレット！

美翔舞《みしょうまい》

中学２年生になる新学期に、夕凪中学校へ転入。美術部に所属している。もの静かな性格だが、ひとたび夢中になると周囲が見えなくなるほど集中する。

美翔舞が変身する大空のプリキュア。かつて住んでいた町で一緒に不思議な体験をした咲とともに、妖精フラッピとチョッピに導かれてプリキュアになる。鳥のように華麗に舞う戦闘スタイル。自分の周囲にはバリアを張ることができる。後半は風のプリキュア、キュアウィンディに変身する。

2007-2008

Yes！プリキュア5

キャラクターデザイン：川村敏江

夢原のぞみはサンクルミエール学園中等部に通う普通の女の子。
ある日、図書館で不思議な本「ドリームコレット」を見つけ、パルミエ王国からやってきた妖精ココと出会う。
ココは自分の故郷を蘇らせるため、どんな願いでも叶うというドリームコレットを完成させたいといい、
そのためには「ピンキー」を55匹探さねばならないという。
のぞみはココを助けるため、仲間とともに奮闘する。

2008-2009

Yes！プリキュア5 Go Go！

キャラクターデザイン：川村敏江

ナイトメアが消滅し、いつもと変わらない毎日を過ごしていたのぞみたち、プリキュア5の面々。
ところがある日、のぞみのもとに少年が現れ、手紙を手渡す。すると手紙から美しい女性が現れ、
「キュアローズガーデンで待っています」と不思議なメッセージを言い残す。
そして手紙はローズパクトに変わり、新たな敵が現れる。
どうやらまた新しい危機が訪れたようだ。そこにココとナッツが駆けつけ、
5人は再びプリキュアに姿を変える！

キュアドリーム

「動きやすさ」を追求したシリーズ。センターを囲んで5人のイメージをどう作るかに苦心した。「Yes！プリキュア5」は蝶がモチーフ、「Yes！プリキュア5 Go Go！」はバラがモチーフに加わった。ドリームは、明るさと華やかさを意識してデザイン。

Fashion Point

リボンにバラの花をつけて華やかさアップ

ヘアスタイルはほぼ変わらないが、リボンの根元は新モチーフであるバラを飾ることに。一気にゴージャス感が高まり、華やかで女の子らしい雰囲気に。

襟がつくことでぐんと大人っぽく！

「Yes！プリキュア5 Go Go！」は少し年齢感を上げる意図と、肩まわりをはっきりさせたいとの狙いで、襟付きに。ジャケット風なのでカッチリ感が出て一気に大人っぽく。

初の試みの5人！出発点は私服から

プリキュアが2人から一気に5人に変わった本作。変身したキャラクターをデザインするために、ベースとなる私服のキャラクターから考え始めた。

テスト塗りを重ねてローズピンクに！

ハーフアップにした髪でサークルを作って留めたユニークなヘアスタイル。当初は茶髪寄りの金髪案もあったが、華やかでインパクトのあるピンクに決定。

おへそが見えるヘルシーなデザイン

肌見せ部分があると、フリルやピンクで女の子っぽさが強めであっても、ヘルシーで元気な雰囲気に見せられる。胸元には蝶のモチーフが飾ってある。

Yes!
プリキュア5

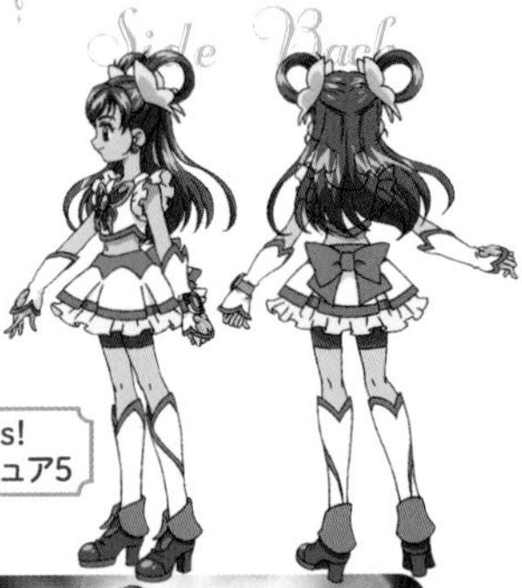

Yes！プリキュア5 Go Go！

CV. 三瓶由布子さんに聞きました

パワーをもらえるキュアドリームのコトバ

“みてみてみてね！”

「みてみてみてね！」にけってーい！　毎週早口言葉みたいにがんばりました。

キュアドリームのファッションここがスキ！

頭の輪っか。ドーナツに似ているから。

プリキュア・メタモルフォーゼ！
大いなる希望の力、キュアドリーム！

Cure Dream

のぞみが変身する希望のプリキュア。故郷を復活させたいという妖精ココの力になりたいと思ったのぞみは、桃色の蝶に導かれてプリキュアになる。怪人に変身した紳士風の男が出現させた怪物コワイナーを見事に撃破する。「夢見る乙女の底力、受けてみなさい！」

夢原《ゆめはら》のぞみ

サンクルミエール学園に通う中学２年生。明るくて元気いっぱいで、いつも前向きなのぞみは、みんなからも可愛がられ、支えられている。勉強と運動はちょっぴり苦手。

Yes! プリキュア5 GoGo!

プリキュア・メタモルフォーゼ!

情熱の赤い炎、キュアルージュ!

りんが変身する情熱のプリキュア。親友ののぞみからプリキュアになろうと誘われるが、危険な目にあうと思い、のぞみにプリキュアをやめさせようとする。しかし、諦めずに戦うのぞみを見て、プリキュアになろうと決意した。「純情乙女の炎の力、受けてみなさい!」

夏木《なつき》りん

サンクルミエール学園に通う中学2年生。フットサル部に所属するスポーツ好きで男勝りな性格。幼稚園の頃からのぞみと友達で、世話を焼いている。

キュアルージュ

その名がフランス語で「赤」の意味を持つルージュは、情熱的で熱いハートを持った女の子。赤の色味が難しく、デザインが決定するまでには時間がかかった。炎のように逆立った、やんちゃなヘアスタイルが特徴的。

Fashion Point

髪は少し伸び、髪飾りも華やかに変化

顔まわりの髪が少し伸び、女の子らしい印象にシフト。後ろのくせっ毛はほぼ変わらないが、耳の上の髪飾りは、リボンにバラをつけたものに変わっている。

ジャケットの直線ラインで上半身がシャープに

縦ラインを強調するジャケットとふんわりスカートとのコーディネートがメリハリを生むコスチューム。シャープさが強調され、意志の強さが前面に。

Back

Yes!プリキュア5 Go Go!

Yes!プリキュア5

くせっ毛を生かしたショートヘア

ショートカットでわかりやすい活発なイメージ。後ろの髪は炎のように逆立っているが、実はくせっ毛。耳の後ろに大きな蝶のモチーフを飾っている。

赤のラインを利かせて力強さを表現

袖や裾にフリルをあしらったガーリーなワンピースには、腰や裾などに太めの赤のラインを入れて、ルージュらしいパキッとした雰囲気を出した。

Side Back

ドリームと並ぶとき赤の色味をどうするか

パキッとした赤にしたいが、朱色に寄せるとレモネードに近づいてしまい、彩度を落とすと濁ってしまう。赤に寄せるとドリームとも似てしまうので色味に苦心した。

CV. 竹内順子さんに聞きました

パワーをもらえるキュアルージュのコトバ

“もうのぞみったらー”

のぞみはのぞみのままでいいよ。的な気持ちの「もうのぞみったらー」っていう言葉。いつでも味方な感じがして嬉しくないですか？

キュアルージュのファッションここがスキ!

体操服。美人さんだしスポーツ万能だし。同じ学校にいたら、その凛々しい姿に惚れてバレンタインデーにチョコ渡します。

キュアレモネード

芯はしっかりしているものの、どこか末っ子感のあるキャラクター。アイドルなので、コスチュームもアイドルの衣装っぽく、フリルや、パフスリーブなどの女の子らしい要素をたっぷり取り入れている。

Fashion Point

ほつれカールの表現をブラッシュアップ！

基本デザインはそのまま、お団子からほつれたカールの表現を、よりデザインっぽくアレンジ。お団子の根元にバラの髪飾りがプラスされ、華やかさが増した。

フリルの多さは踏襲！ジャケットは短めに

フリルの多さはピカイチ。ツートンカラーで2段になったフリルが引き立つよう、ジャケットは他のプリキュアより短い。パフスリーブにもフリルを追加。

Back

Yes！プリキュア5 Go Go！

Yes！プリキュア5

お団子をほつれさせて蝶の口のように！

当初はお団子ヘアだったレモネード。そのままだと落ち着いてしまうので、少しほつれさせたところ、蝶の口のような形に。意外と好評で採用に。

パニエをはいたようなふっくらボリューム

アイドル設定もあり、フリルは他のプリキュアよりやや多め。下にパニエをはいたような、ふっくらしたボリュームが可愛らしい。首の後ろにもリボン♡

Side　Back

蝶より蛾の図鑑が役立った⁉

シルエットやヘアスタイルの参考には、モチーフである蝶とともに蛾の写真も参考に。デザインの多彩さは蝶以上！　蛾の美しさがヒントになったことも⁉

CV. 伊瀬茉莉也さんに聞きました

パワーをもらえるキュアレモネードのコトバ

“はじけるレモンの香り”

演じていた当時は「なんでレモンの香り？」と正直思っていた部分もあったのですが（笑）。
うららぐらいの10代のキラキラした瞳や、爽やかな汗、はじける笑顔を見ると、それらが眩しい！と感じる気持ちが私も大人になってわかってきて、「はじけるレモンの香り」は奥が深いなぁと……集約されてるなぁとやっと気付きました。

キュアレモネードのファッションここがスキ！

服ではないんですが……プリキュアに変身した時のクルクルの髪型です。なかなかインパクトがあると思います。

Cure Lemonade

プリキュア・メタモルフォーゼ！
はじけるレモンの香り、
キュアレモネード！

うららが変身するはじけるプリキュア。偶然にもドリームとルージュの戦いを見てしまい、のぞみたちと接点ができる。そこへナイトメアの新たな敵が現れ、初めてできた友達を守りたいと思ったことで、プリキュアになった。「輝く乙女のはじける力、受けてみなさい！」

春日野《かすがの》うらら

サンクルミエール学園に通う中学1年生。新人アイドルとしても活動し、歌手デビューもした。フランス人の父と日本人で女優の母との間に生まれたハーフ。

Yes! プリキュア5GoGo!

プリキュア・メタモルフォーゼ！ 安らぎの緑の大地、キュアミント！

Cure Mint

秋元《あきもと》こまち

サンクルミエール学園に通う中学3年生。図書委員を務める読書好きで知識も豊富。おっとりした性格だが、怒らせるといちばん怖いタイプ。かれんとは大親友。

こまちが変身する安らぎのプリキュア。癒やし系の雰囲気がぴったりだとのぞみからプリキュアに誘われる。小説家になりたいというこまちの夢を笑わず応援してくれた、のぞみの気持ちに応えるべく、プリキュアになった。「大地を揺るがす乙女の怒り、受けてみなさい！」

キュアミント

6人の中ではいちばんもの静かで、おっとりしたイメージ。髪型も控えめだったが、後ろ側の毛を少し長めにしてアクセントに。キャラクターの髪型は、全員ほんのり蝶に見えるようにデザインしている。

Fashion Point

蝶の髪飾りの真ん中にバラのモチーフを追加

基本形はほとんど同じだが、表情は少し柔らかく、大人っぽい印象に。蝶のカチューシャは繊細なデザインに変わり、ピンクのバラのモチーフが加わった。

オフショルダーの肩出しが大人っぽい！

デコルテが見えるオフショルダートップスに、エプロンのようなオーバースカートを重ねたスタイル。5人の中でややお姉さんっぽい雰囲気になっている。

長く垂らした髪が蝶のようなシルエット

変身前のおとなしいショートボブを、ラフにボリュームアップ。毛先をカールさせた後ろの髪が首の後ろで二つに分かれ、ふわっと揺れるのも印象的！

かっちりジャケットで肩出しも封印！

ジャケットできちんと感を出しつつも、もともとのミントらしさであるふんわり感は袖でキープ。細かいとアニメで動かすのが大変なフリルは簡略化。

Yes！プリキュア5

Yes！プリキュア5 Go Go！

センターを囲む４人のイメージを模索

初期段階で５色展開は決まっていたが、内容は未定。例えば白虎などの四神や、四季のイメージなどになぞらえて、センター以外のカラーを模索した。

CV. 永野愛さんに聞きました

パワーをもらえるキュアミントのコトバ

“これは私の物語よ！　勝手に終わらせはしないわ！”

挫折しながらも自分の夢に向かって再び進むことを決意したミントの強い気持ちが好きです。

キュアミントのファッションここがスキ！

変身後のショートブーツが可愛いです。特に「Go Go！」の足を花びらのように包んでいるショートブーツが素敵です。

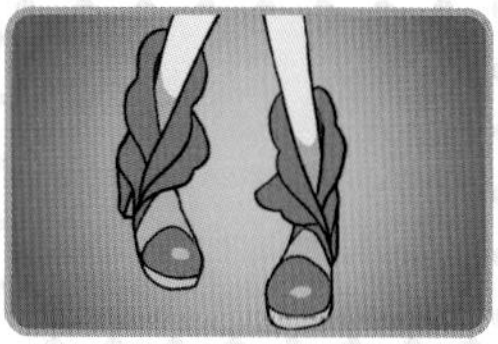

キュアアクア

6人の中で年上で、リーダーシップを備えたキュアアクア。大人っぽさと同時に、フェミニンな雰囲気も意識してデザインされている。毛先の直線的なカットが特徴で、シャープさや知的さを演出している。

Fashion Point

袖の雰囲気を残しつつジャケットにチェンジ

トップスは、もともとのデザインを生かしたフリル付きパフスリーブに。スカートのフリルはひだが大きくなり、ジャケットと合わせてぐんと大人っぽく。

足元もさりげなくマイナーチェンジ

足元のデザインも、少しずつチェンジ。はき口が立体的になったデザインはそのままに、蝶のモチーフをなくし、少し厚底に変えてボリュームアップ。

Yes!プリキュア5 Go Go!

Yes!プリキュア5

噴水のようなポニーテールが特徴

ヘアは、前髪の半分を土星の輪のように後ろに回し、後ろの髪と一緒にやや高めに結い上げている。直線に切りそろえられた毛先がシャープな印象を演出。

オフショルダーでフェミニンな雰囲気

肩部分が露出する、開放的なオフショルダートップスにオーバースカートを重ねるデザインは、ミントにも通じる。ブルーのラインでメリハリを。

どこかに真似しやすいポイントを作る

衣装は真似できなくても、髪飾りやヘアスタイルなら取り入れることができる。少し真似するだけで気分がアガるから、そんなポイントを意識している。

CV. 前田愛さんに聞きました

パワーをもらえるキュアアクアのコトバ

何度だって立ちあがる！

ボロボロになりながらも、強い瞳で言い放つ姿に、やり遂げたいことには何度だって挑戦したいと思いました。

キュアアクアのファッションここがスキ！

サンクルミエール学園の制服が通常も夏服も可愛くて好きです。パフスリーブや腰からのスカートのラインが綺麗で好みです。

プリキュア・メタモルフォーゼ！
知性の青き泉、
キュアアクア！

かれんが変身する知性のプリキュア。プリキュアへの誘いを非現実的だと断るが、あきらめずに声をかけてくるのぞみを見て、かれんは心を開いていく。今度こそ仲間たちを助けたいと心から願ったことで、プリキュアになる。「岩をも砕く乙女の激流、受けてみなさい！」

水無月《みなづき》かれん

サンクルミエール学園に通う中学3年生。生徒会長を務め、容姿端麗、頭脳明晰でみんなの憧れの的。感情は表に出さず、弱みを見せないようにしている。

Yes! プリキュア5 GoGo!

Milky Rose

スカイローズ・トランスレイト！
青いバラは秘密のしるし、
ミルキィローズ！

妖精のミルクが人間の姿（くるみ）となって変身する、青いバラの力を持つ戦士。プリキュアたちのピンチに現れ、強力なパワーで敵幹部を撃退した。ただし、誰かを守ると攻撃が鈍るという、経験不足ゆえの弱点もある。「邪悪な力を包み込む、きらめくバラを咲かせましょう」

美《み》々《み》野《の》くるみ

サンクルミエール学園の2年生としてのぞみのクラスに転入する。正体はココとナッツのお世話係の妖精ミルクが変身した姿。

ミルキィローズ

意志の強い、勝ち気なキャラクターなので、見た目も派手めに。ドリームに対抗心を持っているので、ドリームと並んだときは対になるデザインを意識している。「まず、何色にするのか」から始め、検討を重ねた。

ウェーブヘアで見た目も華やかに！

サイドにポイントを作ったウェーブヘアはボリューム満点。髪飾りは「青いバラの戦士」らしく青い花びら。ヘッドアクセの雰囲気で妖精感も出している。

ピンク？　紫？悩んだイメージカラー

ミルキィローズは妖精ミルクの変身なのでピンク案もあったが、「アクの強さ」が足りずテスト塗りで好評だった紫に。青いバラの“青み”が勝って紫、ということに！

青いバラのモチーフをアクセサリーに

胸元をはじめ、ヘッドアクセ、アームカバーの先にまで青いバラのモチーフを飾っている。イヤリングは、垂れ下がって揺れるタイプを使用して大人っぽく。

ドリームで断念したへそ出しを復活

前面のレースアップ風のデザインで、ミルキィローズの華やかさをアピール。実はお腹の部分がVに開いていて、おへそが見えるデザイン。

ギャザーを寄せた優雅なブーツ

ブーツのはき口のデザインやヒールの太さ細さにも、キャラごとの性格の特徴が。リボンで寄せたギャザーのはき口が、他の5人とは異なる雰囲気を醸し出している。

CV. 仙台エリさんに聞きました

パワーをもらえるミルキィローズのコトバ

“スカイローズ・トランスレイト！
青いバラは秘密のしるし、
ミルキィローズ！”

ミルキィローズ変身の名乗り台詞。
この台詞を初めて収録したとき、嬉しさと緊張で震えました。
心に残る台詞はたくさんありますが、変身シーンはやっぱり、女の子の夢と希望がつまっているなぁと思います。

ミルキィローズのファッションここがスキ！

青いバラ。胸のバラ、ティアラ。
変身シーンの、瞳がアップになるところはティアラの青いバラが際立ちますね。美しいです。

Special interview 1

キャラクターデザイナー

川村敏江

プリキュアの魅力を生み出す力

プリキュアでは4シリーズでキャラクターデザインを担当している川村敏江さん。
生き生きとしたキャラを生み出す川村さんのデザインの秘密と、人となりに迫ります！

※『プリキュア15周年アニバーサリー　プリキュアコスチュームクロニクル』に掲載された記事の再掲載です。

――キャラクターデザインはどんな風に進めていかれますか？

川村敏江さん（以下敬称略）　プリキュアシリーズは、それぞれの作品に「こんな感じにしたい」という意向もあるので、そのコンセプトに従って、まずはどんなデザインがいいのか、細かいところまで考えますね。

――どんな資料を参考に？

川村　以前は本や雑誌を積み上げて調べる、ということが多かったですが、最近はスマートフォンを使うことも多いです。パソコンよりも手軽で手っ取りばやいですし。本当は紙媒体が手元にあるほうがやりやすくて好きなんですけど、だいぶやり方は変わってきましたね。

調べるときは、キーワードを入れて画像検索する感じなので、参照する資料はそのときによってまちまちです。ただ、スチームパンク（右下写真参照）の雰囲気は個人的に好きなので、その系統のブランドのお洋服を見ることはあります。敵キャラのコスチュームの参考にしたり。このあたりは趣味と実益を兼ねてですね（笑）。

――トレンド感や、今っぽさも意識していますか？

川村　あまり流行に乗り遅れたくはないなと思っています。なので、ときどきファッション誌を見て、自分の中で情報更新しています。好みとは別に、情報としては入れておかないといけないと思っているので。

実際に取り入れたのは、キュアサニー（P88）とキュアマーチ（P92）のイヤーカフや、ルールー（P161）のイヤーフックですね。通常はイヤリングタイプが多いのですが、当時の流行も参考にしています。本編ではあまり見えませんけど（笑）。

――街を見て歩いたりも？

川村　しますね。お洋服のお店を見るのが楽しいんです。いろいろな生地や素材を見るのも好きですし。自分の普段の行動範囲は池袋あたりと限られますが、たまに足を延ばして新宿や渋谷のほうまで出かけると、街によってファッションも変わってくるのが面白いですね。原宿系などのストリートファッションを見ていると、本当に日本のファッションは自由だなって思いますし。

先日、立ち寄ったスタジオでも、髪をホワイトに染めているアニメーターさんがいて、すごくおしゃれだなって。私の若い頃はまだカラーリングもバリエーションが少ない時代でしたが、若いうちにもっと冒険しておけばよかったなと（笑）。わりと身近な人のことも見ています。

ファッションのジャンルのひとつ「スチームパンク」。レトロな雰囲気、アンティーク調の色合い、ロングスカートやコルセットなど、ヴィクトリア朝を現代風にアレンジしたデザインが多い。（写真／アフロ）

――いろいろな刺激を受けているんですね。髪型の発想はどこから？

川村　ヘアアレンジ記事や、ヘアカタログは見ますね。それこそ、キュアハッピー（P86）のデザインでは、ヘアカタログで見つけた、ゆるくほぐした三つ編みが可愛くて、なんとかそれをアニメっぽく落とし込めないかと試行錯誤して生み出したものなんです。触角みたいに小さく結んだ髪をアクセントにしているのは、アニメっぽいアプローチですが。

――タレントやアイドルグループのスタイルもチェックしますか？

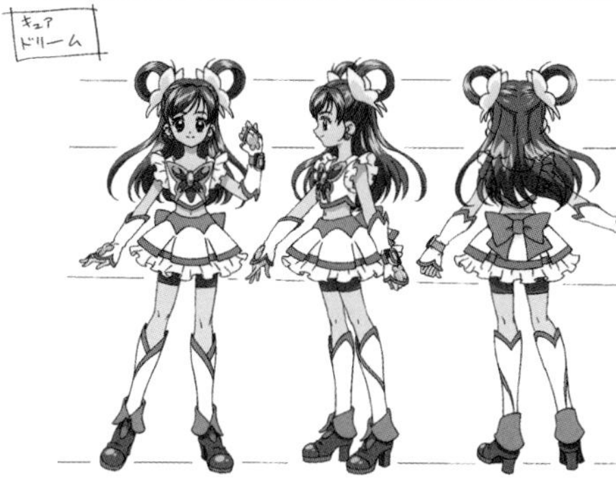

川村さんが最初にデザインしたプリキュア、キュアドリームの設定画。髪の色がピンクのプリキュアはドリームが最初。

川村　目的を持って見ることはないですが、アイドル雑誌や音楽番組を見て参考にすることはあります。キュアサニーのパワーアップフォームの髪型は、実はレディー・ガガさんの〝猫耳ヘア〟がインスピレーションのもとなんです（P239画像参照）。「すごく素敵！」と思って、使わせていただいたのを覚えています。

――川村さんのデザインでは、『HUGっと！プリキュア』（以下『HUGプリ』）の目元部分も印象的です。こちらはアイラッシュですね。

川村　はい。『HUGプリ』（P151〜）は、私がキャラクターデザインを手がける3作目だったので、目元にも何か変化が欲しいなと。今までは、マスカラで盛ってるイメージだったので、まつげを伸ばすこと以外にはあまり変化がつけられなくて。悩んでいたら、パーティーシーズンによく出回る、ペーパーアイラッシュを使うアイデアを思いついて。ただ、実際に描いてみると悪目立ちするし、線もゴチャゴチャして、これは毎回原画を描くのも大変だなと。結局、形をシンプルにし、色を薄くすることでちょっと軽めに見せることができました。

キュアサニーのパワーアップフォーム。レディー・ガガの猫耳ヘアがインスピレーションのもとに。

――川村さんはアイメイクもお好きなんですね。

川村　好きですね。ただ、私のまつげは短くてマスカラは塗りにくいし、つけまつげは目元の違和感に慣れなくて、自分には応用できませんが（笑）。メイクは子どもたちも興味ありますよね。今回は口紅みたいなものも使っていますが、色つきリップくらいのイメージです。下唇だけに色をのせて、軽く見せています。これくらいだったら、見ている子のお父さんお母さんも許してくれるかなっていうところを狙っていますね。

――『HUGプリ』は、透ける素材もいろいろ使っていますね。

川村　そうですね。キュアエール（P152）は、スカートに透ける素材を使いたい、と企画初期から決まっていました。やっぱり目を引くし、新しさが出ますよね。あとは、キュアアンジュ（P154）の後ろ下がりのテールスカートも流行感があるところかな。変形版にしていますが、動きが出て楽しいですよね。お店で見たり、自分で持っているものも参考にしました。

――お洋服はよく買われますか？

川村　いえいえ、そんなに持っていません。可愛いなと思うものと自分が似合うもの、着られるものはまた別ですから（笑）。でも、好きは好きなので、チェックはしますね。

――プリキュアのコスチュームデザインで、意識していることは？

川村　見ている子どもたちの興味をひけるポイントを作る、ということですね。お洋服ももちろんですが、髪型や髪飾りも。とくに、髪型は取り入れやすいかなと思います。私は子どもの頃はショートカットでしたが、それでも好きなイメージに近づけたくて、髪を結ってみたことがありました。キュアドリーム（P38）のクルンとした髪型も、キュアレモネード（P42）のお団子をほつれさせた髪型も、真似できなくはないアレンジにしてあります。憧れの対象

ショートカットの子の中にもプリキュアになりたい子はいるはず!

のほんの一部を取り入れるだけでも、気持ちがアガるものかなと。

——そうだと思います。プリキュアはロングヘアの子が多いですが、それも憧れの表現ということですか?

川村　そうですね。小さい女の子たちはやっぱりというか、ロングヘアに憧れる子が多いみたいなので、ロングヘアにすることが多いです。ルージュ（P40）はショート、サニーはショートボブなのですが、当初、サニーはロングヘアがいいのではとの意見が出ました。でも、私自身は子どもの頃、本当は髪を伸ばしたいのに、母親の好みでショートにさせられていて。だから、ショートの子の中にも、プリキュアになりたい子はいるんじゃないかなって（笑）。なので、サニーは変身後もやや短めの髪になっています。

——川村さんがデザインしたプリキュアは、16人にのぼります。特に思い入れのあるキャラクターはいますか?

川村　う～ん、キュアドリームかな? やっぱり最初にデザインした子なので。それから、キュアミント（P44）やマーチみたいな「グリーン担当」の子は、これまた個人的なことになりますが、私自身が子どもの頃から緑色が好きなこともあって、大事にしてあげたいなって（笑）。でも、もちろんそれぞれに思い入れがありますから「みんな」ですよー!

——キャラクターが並んだときの可愛らしさや迫力も、川村さんならではですね。工夫はありますか?

川村　集合カットを考えるのは本当に大変です……。全員をまとまりで見る場合は、10人くらいまでが限度かな。視線が散っちゃうんです。キャラクターによって、ふさわしい立ち方やポーズもありますし。それから、プリキュアは髪のボリュームがすごいから、その扱いも大変!（笑）。以前にアニバーサリーブックかなにかで集合絵を描いたときは、自宅作業中、不意に窓を開けて叫びたくなりました（笑）。

工夫とは少し違いますが、自分で描く絵には、私自身の憧れが入っていますね。みんなが集まってる絵なら、会話が聞こえてきそうな感じがいいなって。楽しそうに見えるシチュエーションを、いろいろと思い描きながら描いています。

——ここからは、みんなが憧れるキャラクターをたくさん生み出している川村さんのルーツについてお伺いします。やはり、もともと絵はお好きだったんですか?

川村　そうですね。ただ、ストーリー漫画を描いたことは実はなくて。とりとめのない感じで絵を描くことはあっても、ストーリーを考えることにはあまり興味がなかったみたいです。あくまで「絵を描くこと」が好きだったんですね。

アニメは、姉の影響もあって、小学校高学年くらいから見るようになりました。当時は『宇宙戦艦ヤマト』

川村さんが2作目にデザインしたプリキュアシリーズ、『スマイルプリキュア!』の5人の設定画。イヤーカフを取り入れていたり、グリーンのプリキュアがいたりと、川村さんのこだわりが随所に。

や『機動戦士ガンダム』を見ていたかな。実家があまりにも田舎すぎて、放送されるアニメが少なくて。アニメ雑誌にはよく載っているけど、テレビでは一度も見たことがないというアニメがたくさんありました(笑)。

――高校はデザイン系ですか？

川村　高校は普通高校です。卒業して、専門学校に通うにあたって上京しました。今は地方にもアニメの専門学校が増えてきましたけど、当時はやっぱり東京に行くしかなかったので。親には相当反対されましたが、押し切りました。専門学校で2年学んだあとは、アニメ会社に入社。その頃はアニメのスタジオ名すらろくに知らなくて……。なんとかスキルを身につけようと四苦八苦の毎日でしたね。

――その会社にはどれくらいいたのですか？

川村　悩みながらも、かなり長い間いましたね。その間にプリキュアシリーズの原画や、キャラクターデザインに関わる機会も得ました。ただ、そのスタジオで私が担当するジャンルっていうのが、かなり偏ってしまって。もうちょっとジャンルを広げたいという気持ちを持ちつつ、また、体調を崩してしまったこともあって2010年に退社しました。

――決断を促したきっかけなどはあったんですか？

川村　ちょっとおかしな話なんですけど、私、趣味でタロット占いをやるんです。たまに引っ張りだして自分で自分を占ってみるんですが、大抵はとりとめのないカードばかり。それが、ちょうど「会社辞めようかな」というタイミングで占ってみたら、明確なメッセージのあるカードばかり出るんです。雑誌で見かける占いも同じで、どれも「動くなら、今」って。じゃあ、そうなのかなって。気持ち的には固まっていましたが、あとひと押しは占いでした(笑)。

――そのあとはフリーランス？

川村　そのつもりだったのですが、『神のみぞ知るセカイ』という作品が動き出すタイミングで、別の会社に声をかけていただきまして、そちらに移りました。サポート的な感じで入るのかなと思ったら、総作画監督という、意外と重要なポジションを任せていただいて(笑)。大変でしたが、お仕事をいただけるのはありがたかったですね。

　それからここでは、『カーニヴァル』という作品がとても鮮烈で、ダークな世界観と煌びやかなキャラクターが自分には新鮮で、引き出しが広がったのではないかと思います。

　それでも通して見ると、なんだかんだで『プリキュア』とはいちばん長いおつきあいになりますね。10周年の歴代メッセージで自分のデザインするプリキュアは終わりかな、と思っていましたが、『HUGプリ』でまたデザインさせていただくことになるとは！　ご縁があるのかもしれないと思いました。

――プリキュアのお仕事で思い出というのはありますか？

川村　うーん、思い出というか、プリキュアはやはり、大きなプロジェクトなので、公私込みでなにかしらのトラブルが起きないよう、安全祈願やヒット祈願などをしました。初日の放送が無事に終わるまでは気が

なんだかんだでプリキュアとはいちばん長いおつきあいです

川村さんデザインのプリキュア最新作『HUGっと！プリキュア』の設定画。シースルー、イレギュラーヘム、バルーンスカート、ニーハイソックスとおしゃれポイントがいっぱい！

「絶対こうじゃなきゃ！」っていう考えに固執することはないと思うんです

抜けませんね。

――もう辞めようとか、疲れて実家に帰ろうと思ったことは？

川村　いろいろわがままを言って出てきたので、そこは帰るに帰れないという（笑）。そういう意味では頑固でもあったと思います。実は、最初のスタジオを辞めたときは、どこにも行くあてがなかったので、アルバイトをしようと思っていたんです。ただ、それまでまったくアルバイトをしたことがなかったので、すごく不安で。幸い、すぐに次のお仕事をいただけたので、結局やらずじまいでしたが。

でも、仕事ってなんでもそうかもしれませんが、何が役に立つかわからないんですよね。特に若いうちは、なんでも経験かなと。

――初代プリキュアを見ていた子どもたちも、今は20歳前後。その頃のご自身を振り返ると？

川村　そうですね。まず、絵を描くことやアニメに興味がある人にとっての状況は今と全然違いましたね。昔はアニメにそれほど多様性なんてなかったけれど、今はゲームもあるし、ピクシブもあるし、同人誌界隈もきちんと商業ベースに乗せられるものもあったりして。発表する場やチャンスも広がっているなと思います。

ただ、継続していくのは大変、というのは今も昔も変わりないのかもしれないですね。描いていく、描き続けるってつくづく根気のいることだなと思います。自分自身が、20歳のときは本当に何もわからなかったですけど。

――プリキュアに憧れていた女の子たちに伝えたいことはありますか？

川村　プリキュアのキャラクターにもそれぞれ個性があって、いろいろな戦い方をしています。だから私たちも、「絶対こうじゃなきゃ！」っていう考えに固執することはないと思うんですよね。頑固過ぎたり、意固地になったりしていると、視野は狭まってしまう。だから、周囲の人の話を聞いたり、友達ととことん話し合ったりっていうのは大切だと思います。私は友達は多くありませんけれども（笑）。

あと、やりたいと思った道に進んで、挫折することは、みんなあると思うんですけど、そのときに「逃げないことが勇気」と思わなくてもいいというか。本当に行き詰まったときは、一度逃げて、離れてみるのもひとつの方法かなと。それでもあきらめきれなかったり、どうしてもやりたいと思ったりしたものが、最終的には本物になるんじゃないかと思います。

Profile

川村敏江
（かわむら としえ）

アニメーター。きのプロダクション、マングローブを経て、キャラクターデザインや作画監督で活躍中！　プリキュアシリーズでは、『Yes！プリキュア5』『Yes！プリキュア5 GoGo！』『スマイルプリキュア！』『HUGっと！プリキュア』でキャラクターデザインを担当。

2009-2010

フレッシュプリキュア!

キャラクターデザイン：香川 久

ダンスユニット〝トリニティ〟のライブを見に行くことになった、四つ葉中学校2年生の桃園ラブ。
そこへ突然、世界の支配を企む管理国家「ラビリンス」によってナケワメーケという怪物が現れる。
「憧れの人を守って、もう一度ライブが見たい！」という気持ちと、
鍵型の妖精ピックルンと変身携帯手帳リンクルンの力でラブはプリキュアに変身！
こうしてラブは仲間と一緒に、悪の野望に立ち向かうことになる。

フレッシュプリキュア！

チェインジ・プリキュア・ビートアップ！

ピンクのハートは愛あるしるし！

もぎたてフレッシュキュアピーチ！

ラブが変身するプリキュア。ダンスユニットのイベントで、インフィニティを求めて現れたイースの仕業で会場が大混乱。憧れのミユキを助けたとき、ラブの携帯電話が変身アイテムに変わり、ピルンの力で愛の戦士プリキュアになる。手をハートの形にして技を放つ。

Cure Peach

桃園《ももぞの》ラブ

公立四つ葉中学校２年生。他人のことでも自分のこと以上に一生懸命になる性格。幼馴染みの美希と祈里とダンスユニットを結成。夢はダンスコンクールで優勝すること。「幸せゲットだよ！」

キュアピーチ

桃園ラブが変身するキュアピーチは、最初に制作したキャラクター。全体的に前作より頭身を大きく上げ、ぐっと大人っぽい雰囲気にシフト。

Fashion Point

アニメーションとして動かしやすいものを

髪の毛もまとまったボリュームのある束として動かすことを考慮。髪のハイライトも、細かく入れるのをやめ、動かしやすさを優先した。

レースアップをアイキャッチに

ダンスが好きな設定もあり、ダンサー風のコスチュームを志向している。エンブレムやポシェットは片側に寄せ、あえてアシンメトリーに。

当時の流行を取り入れソックスをチラ見せ

ロングブーツからソックスをチラリと見せて、立体感を出す着こなしは、当時の流行を参考にしている。頭身を大きく見せるため、ひざ下はやや長め。

実は、左右の結び紐の数がアシンメトリー

ヒロインらしく、髪型は金髪のツインテール。ボリューム感のある大きなウェーブになっているが、線をやや簡略化して描きやすいデザインにしている。

踊りやすいミニ丈！フリルもたっぷり

ピンクを基調に、白とのコンビで清潔感や軽さも出している。フリルを重ねたミニスカートは、中までぎっしりフリルが詰まっている。

CV. 沖佳苗さんに聞きました

パワーをもらえるキュアピーチのコトバ

心を揺さぶるセリフが多くて選べません

ラブは真っ直ぐ心を揺さぶるセリフが多くて選べません。それを素直に受け止められる人でいたいな。

キュアピーチのファッションここがスキ！

「フレプリ」はお家の方が作ってあげられるデザインにしたと聞き、キュート＆シンプルで素敵だと思います♡

キュアベリー

キュアピーチを基本型に、派生パターンを模索。元アイドルの母を持ち、モデルを目指しているキュアベリーは、「スレンダーでおしゃれ」というイメージから、露出が多めで流行感のあるセパレートタイプの衣装に。

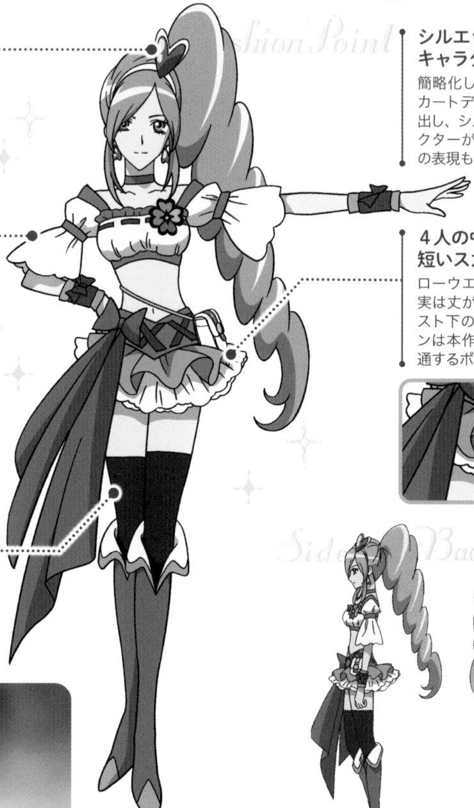

サイドテールの逆側にウエストのリボン

ポニーテールはデザイン資料にあった案。それを思い切りふくらませ、チョココロネのようにデフォルメ。リボンをウエストの反対側に垂らし、バランスをとっている。

へそ出しスタイルで抜群のスタイルを強調

おへそを出したコスチュームは少なかったため、差別化のポイントでもある。オフショルダー&ふんわり袖のトップスのデザインもトレンド感を出した。

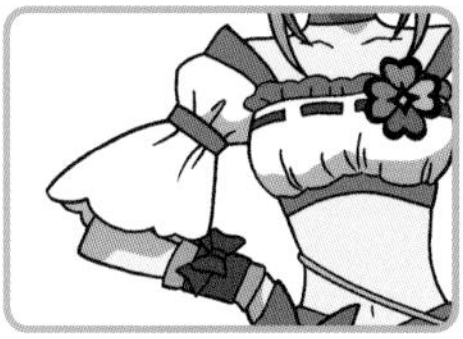

脚の露出はソックスでバランスを調整

オーバーニーソックスを濃色にすることでぐんとシャープな印象に。ブーツのはき口の折り返し方が立体的でこなれているのは、おしゃれなベリーだからこそ。

シルエットだけでわかるキャラクターデザイン

簡略化したヘアスタイルやスカートデザインなどに特徴を出し、シルエットだけでキャラクターがわかるように。足先の表現も全員微妙に違う。

4人の中でいちばん短いスカート丈

ローウエストのスカートは、実は丈がいちばん短い。ウエスト下のレースアップデザインは本作のコスチュームに共通するポイント。

CV. 喜多村英梨さんに聞きました

パワーをもらえるキュアベリーのコトバ

あたし、完璧！

元気や自信が、ちょっぴり無いお友達の皆さん、心の中で言ってみて！「あたし、完璧！」

キュアベリーのファッションここがスキ！

変身シーンの、バレリーナのようなスケーター？のような綺麗でスタイリッシュな演出が素敵です。「フレッシュ」チームのコスチュームは、南国感だったり、さわやかでコケティッシュなイメージのデザインなので、可愛いです♪

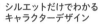

チェインジ・プリキュア・ビートアップ!

ブルーのハートは希望のしるし!

つみたてフレッシュ
キュアベリー!

Cure Berry

美希が変身するプリキュア。離れて暮らしている弟の和希と一緒にいたとき、イースによってナケワメーケが出現。和希だけでも助けたいと頑張る美希の心にピックルンが反応。ブルンの力で希望の戦士プリキュアになる。手をスペードの形にして決め技を放つ。

蒼《あお》乃《の》美《み》希《き》

私立鳥越学園中等部2年生。おしゃれが大好きで美意識が高く、ファッションモデルになるのが夢。シェイプアップのためにラブのダンスユニットに参加。「あたし、完璧!」

フレッシュプリキュア!

とれたてフレッシュ
キュアパイン！

チェインジ・プリキュア・ビートアップ！
イエローハートは
祈りのしるし！

山吹《やまぶき》祈里《いのり》

私立白詰草女子学院中等部2年生。動物好きで獣医になるのが夢。おとなしい性格で、なかなか自分に自信が持てず、その性格を変えるためにラブのダンスユニットに参加。「私、信じてる！」

Cure Pine

祈里が変身するプリキュア。自分の家の動物病院で治療して元気になった犬のラッキーがイースによってナケワメーケにされて、襲いかかってくる。そのとき立ち向かった祈里はキルンの力で祈りの戦士プリキュアになる。手をダイヤの形にして決め技を繰り出す。

キュアパイン

パインのコスチュームも、基本型であるピーチの派生型。特にボディからスカートへのフォルムやブーツまわりのデザインにピーチとのペア感を意識。イエローがテーマカラーだが、ややオレンジよりの色味になっている。

Fashion Point

変身後は金髪になり リボンも大きく変化

サイドにポイント結びを作ったヘアスタイルは、当時人気だったタレントの髪型を参考にしている。アシンメトリーなデザインで、軽やかな動きや元気さを表現。

ローウエストで ふっくら感を

ウエストの下でボディがスカートに切り替わる部分にギャザーを寄せ、気持ちふっくらした体型に見せている。スカートをはね上げて元気なイメージも。

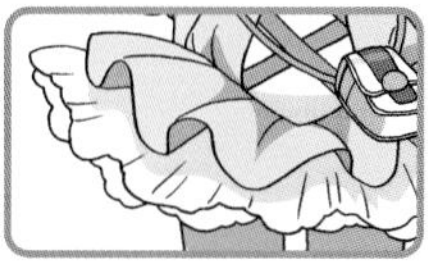

レースアップは 当時のトレンドを意識

当時大人気だった『パイレーツ・オブ・カリビアン』を思わせるようなレースアップ(編み上げ)ディテールと女の子らしいフリルをミックスしている。

肩まわりは天使の 羽をイメージ

共通デザインのレースアップやステッチを使いつつ、肩まわりには天使の羽をイメージしたフリルを。ピーチよりもややゆったりとしたデザイン。

全体に丸みがあり ふんわりしたイメージ

パインは女の子らしいふんわり感を意識し、丸みのあるパーツを多くしている。防御コスチュームの一部であるアームカバーも鉄球のように丸い。

CV. 中川亜紀子さんに聞きました

パワーをもらえるキュアパインのコトバ

“絶対に(このまま)終わらないって私信じてる!”

最後の決戦での「絶対に(このまま)終わらないって私信じてる!」強い眼差しのパイン!

キュアパインのファッションここがスキ!

ブーツの先! パインのだけは丸みがあって、着地の音もちょっと違うのです……。

キュアパッション

最初はピーチたちと同じパターンのコスチュームを考えていたが、後から変身するプリキュアとしては地味な印象になってしまうため、パターン違いを考案。敵キャラからの異例の変身であることもあり、あえて肌の露出は控えめにした。

天使を思わせる白い羽の飾り

顔まわりは短めショート風、後ろから見るとロングに見えるヘアスタイル。カチューシャの羽飾りは機械っぽいデザインだったのを、柔らかく変更。

色のグラデーションでひとときわゴージャスに！

共通のレースアップモチーフをあしらったドレスは後ろが長く、裾に向かって色が濃くなるグラデーションも特徴。悪から生まれ変わったパッションの変化を思わせる。

当初はピーチたちと似たコスチュームだった

もともとの案はミニ丈のコスチュームで、両サイドをレースアップ、センターにリボン、スカートも1段というデザインだったが、ガラリと違うスタイルに。

甲冑を意識した新デザイン！

後から登場する際のインパクトを考え、コスチュームはハードな甲冑をイメージ。最終的に前垂れやバスト部分は変更されたが、肩の部分などに名残をとどめている。

真面目な性格を表して肌の露出は控えめ！

後からの登場を目立たせる意図もあり、パッションの衣装は、ピーチたちとは対照的に肌を見せないデザインに。ストイックな雰囲気が性格にもマッチ。

CV. 小松由佳さんに聞きました

パワーをもらえるキュアパッションのコトバ

“人は、やり直せる”

失敗してもOK！　精一杯頑張れば必ず幸せになるから！

キュアパッションのファッションここがスキ！

敵時代、イースの手袋と長い靴下が女の子らしくて、かっこ良くて大好きです。

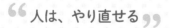

フレッシュプリキュア!

チェインジ・プリキュア・ビートアップ！

真っ赤なハートは
幸せのあかし！

うれたてフレッシュ
キュアパッション！

せつなが変身するプリキュア。ラビリンスの幹部イースとしてピーチたちと戦っていたが、イースは総統メビウスによって寿命を迎える。死を迎えたことでアカルンの力によりせつなを本来の姿とし、幸せの戦士プリキュアになる。パッションハープを呼び出して、決め技を放つ。

東《ひがし》せつな

イース

せつなはラビリンスの幹部イースがラブたちを欺くための仮の姿だったが、プリキュアとなり、ラブたちの仲間になる。ラブの家に住み、公立四つ葉中学校へ転入した。「精一杯がんばるわ！」

Cure Passion

Transform items

Column 2

変身アイテム①

2000年代初めのガラケー全盛期、プリキュアの変身アイテムもケータイ型が主流。開けたり閉めたり、ケータイそっくりのギミックが子ども心をわしづかみ！

デュアル・スピリチュアル・パワー！

ふたりはプリキュア Splash☆Star

ミックスコミューン

きらっと光るハートジュエルが印象的。２枚のプリキュアダイヤカードをセットしたら、ゴールドのプリキュアディスクをくるっと回してミックススピン★　アニメ同様、ミックスコミューン同士で通信が可能。

プリキュア・メタモルフォーゼ！

Yes！プリキュア5

ピンキーキャッチュ

シリーズ唯一の腕時計型。ココといっしょに、妖精ピンキーをキャッチして集めて遊んだり、付属のシートで5人それぞれのキャラクターカラーに着せかえたりすることもできる。日時や名前の設定が可能。

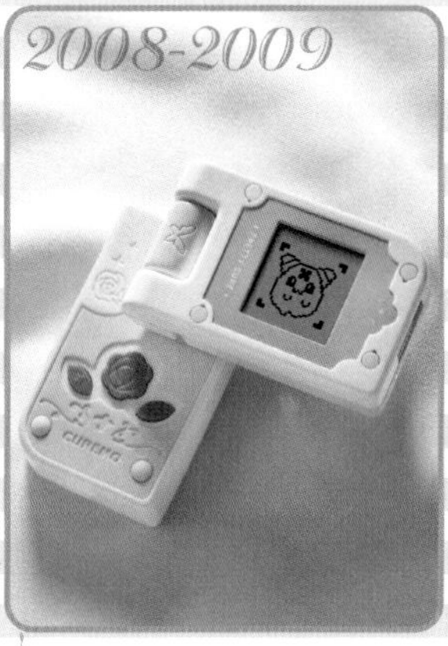

Yes！プリキュア5 Go Go！

キュアモ

5つの蝶とローズパクトの力が生み出した新しい変身アイテム。90度回転させればパルミンショット、スイッチタッチでシロップとも遊べる。プリキュアたちから電話がかかってくるスペシャルモードあり。

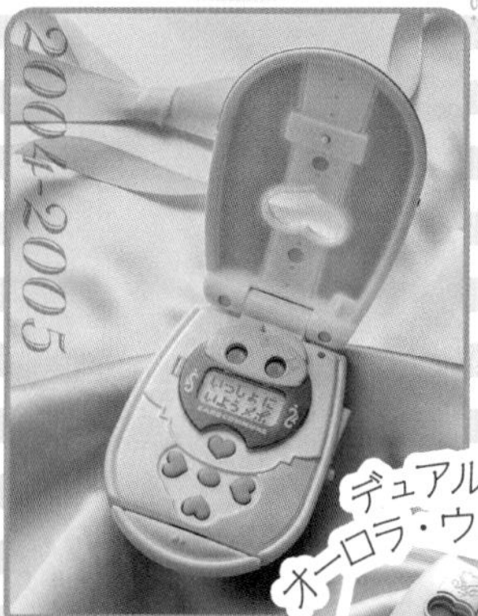

デュアル・オーロラ・ウェイブ！

ふたりはプリキュア

カードコミューン

カードをスラッシュする変身遊びはもちろん、メップル・ミップルのお世話もできる。パーツをチェンジすれば、ブラックにもホワイトにもなれるコンバーティブルさが画期的。女の子向けカードゲーム流行のさきがけ。

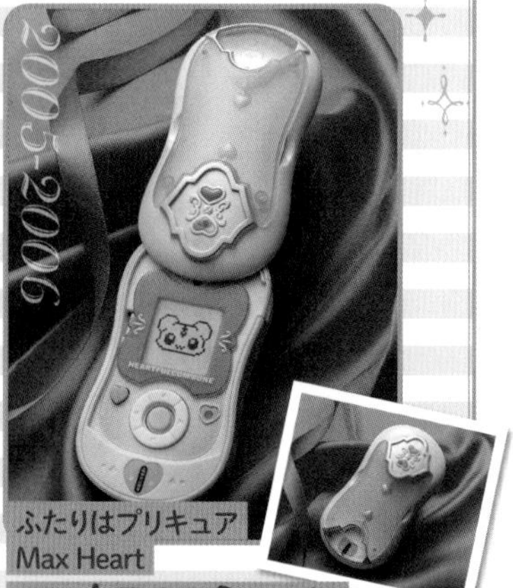

ふたりはプリキュア Max Heart

ハートフルコミューン

カードコミューンがパワーアップ！　カードがハート形に進化し、はじめてキャラクターの音声が収録され、メップルとミップルがアニメと同じ声で話しかけてくる。センサー内蔵で、手をかざして遊ぶ機能も。

2010-2011

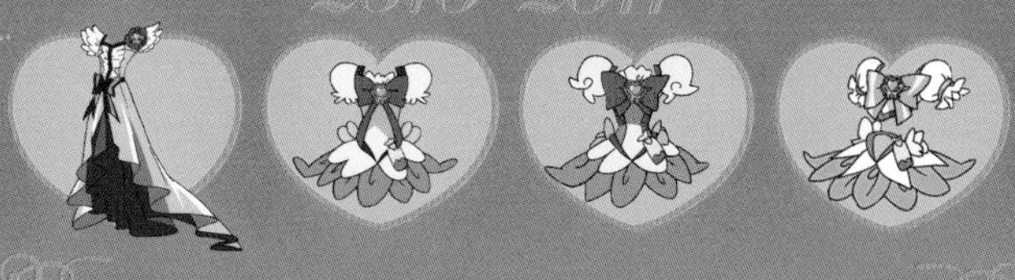

ハートキャッチプリキュア!

キャラクターデザイン：馬越嘉彦

希望ヶ花市に引っ越してきた中学２年生の花咲つぼみ。
新しい環境をきっかけに、引っ込み思案な性格を変えようと思っていたが、
緊張していつもより内気な態度になってしまう。そんなつぼみを見た同じクラスの来海えりかは、
つぼみに近づく。そこへ妖精シプレとコフレ、砂漠の使徒サソリーナが現れ、
えりかを襲うと、つぼみはプリキュアに変身。仲間とともに砂漠の使徒に対峙する。

キュアブロッサム

キャラクターデザインの方向性がそれまでと変わった本作。1年あれば馴染んでもらえると考えた。ブロッサムに変身する主人公の花咲つぼみの、花を愛する設定からドレスも花モチーフに。

Fashion Point

やや頭頂部を盛ったポニーテール

変身して髪色が変わるとイメージも変わってしまう恐れがあったが、同系色にすることで連動感を出した。ブロッサム他３人は〝カドがある〟ヘアが特徴。

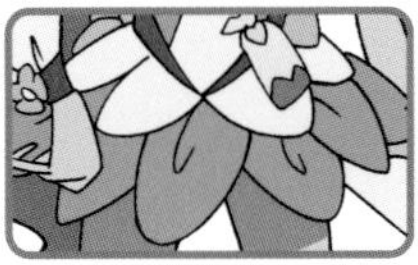

スカートは大きな花びらがモチーフ

ブロッサムの名前にちなんで、スカートは咲いた花のように花びらが重なるデザイン。濃淡のピンクを合わせ、最小限の影でアクセントをつけている。

袖のデザインもつぼみっぽく

袖は、すずらんの花のようなデザイン。すっきりしたコスチュームだからこそ、手首や足首、髪飾りなどの花モチーフが際立っている。

ブーツのデザインで個性を発揮

脚のラインにそうシルエットは全員共通。丈やデザインがそれぞれ異なり、ブロッサムはトウ切り替えやパイピングをポイントにシンプルにデザイン。

Side　Back

動きの中でどう可愛く見せるか

アニメは一枚で見せる絵とは違う魅力があり、作画の連続で動きを可愛く見せられる。作画枚数を増やしやすい、シンプルな絵柄にしたのはそのため。

CV. 水樹奈々さんに聞きました

パワーをもらえるキュアブロッサムのコトバ

“ くらえ！　この愛!! ”

敵を倒すのではなく、愛の力で浄化するという「ハートキャッチ」シリーズを象徴するセリフで大好きです！

キュアブロッサムのファッションここがスキ！

お花モチーフになっているスカート♡　花びらのようなデザインがとても可愛いです♡

プリキュア!
オープンマイハート!
大地に咲く一輪の花!
キュアブロッサム!

つぼみが変身するプリキュア。サソリーナに襲われ「こころの花」を奪われた同級生のえりかを救いたいと思ったつぼみ。その心に反応したココロパフュームにより大地の戦士プリキュアになる。ブロッサムタクトを使って決め技を繰り出す。「私、堪忍袋の緒が切れました!」

Cure Blossom

花咲《はなさき》つぼみ

私立明堂学園中等部２年生。引っ込み思案な性格にコンプレックスを持つ。植物が好きで園芸部にいたが、えりかの誘いでファッション部に入部。ことわざや四字熟語が得意。

プリキュア！
オープンマイハート！
海風に揺れる一輪の花！
キュアマリン！

えりかが変身するプリキュア。ファッション部があるのでプリキュアにはなれないと断っていたが、デザトリアンに苦戦するブロッサムを見て、プリキュアになることを決意。海の戦士プリキュアへと姿を変える。「海より広いあたしの心も、ここらが我慢の限界よ！」

来《くる》海《み》えりか

私立明堂学園中等部2年生。母親がファッションショップ「フェアリードロップ」を経営していることもあり、ファッション部に所属。明るく前向きな性格で、人をひきつける。

キュアマリン

ファッションデザイナーを目指す来海えりかが変身するキュアマリン。もうひとりのヒロインであり、元気いっぱいのキャラクター。ブルーの濃淡と白を組み合わせ、明るく快活な雰囲気を出している。

Fashion Point

髪はロングヘア＆薄いカラーにチェンジ！

当初はブロッサムと同じく、盛り髪の予定だったが、結ばないダウンヘアに。後ろから見たとき重く見えないよう、毛束は2つに割れている。

基本型はブロッサム！背中のデザインも同じ

ブロッサムと対をなすデザイン。胸のリボンはマリンのほうが長いが、背中が深く開き、レースアップになったバックシャンなデザインは2人に共通。

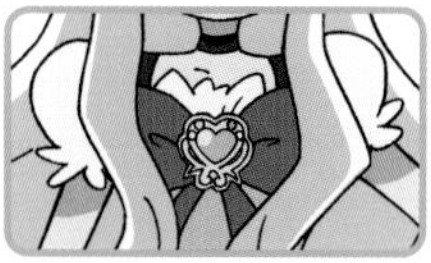

並んだときを考えて身長は低めに設定

身長はキャラクターの個性を出す際にも大切なポイント。マリンは身長を低めに設定しているので、ムーンライトと並んだときはとくに身長差が際立つ。

ほんのりV字を描く前髪が大きな瞳を強調

キャラクターごとに違う前髪のデザインにも注目。ほんのりVラインを描くように切りそろえた前髪が、マリンのたれ目気味な大きな瞳を強調している。

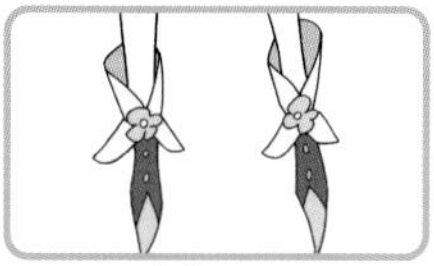

ショート丈にしてブロッサムと差別化

足元はブロッサムと対照的にショートブーツを。足首部分をくるりとラッピングしたようなデザインがポイントに。白のニーハイソックスで露出をカバー。

Side Back

CV. 水沢史絵さんに聞きました

パワーをもらえるキュアマリンのコトバ

来ちゃったかな……
あたしの時代が……！

マリンらしくて大変よろしいと思います。

キュアマリンのファッションここがスキ！

青いハートのティアラと、水色の長〜い髪の毛。変身バンクの香水をシュッとしてティアラが出るところ、表情含めて最高にかわいいです。

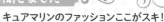

キュアサンシャイン

3番目に登場するのが、明堂院いつきが変身するキュアサンシャイン。「ふだんは男装しているが、本当は女の子らしい服を着てみたい」という思いを、思い切り可愛いディテールで表現している。

Fashion Point

本作ただひとりのへそ出しスタイル

変身前のストイックな学生服姿からのギャップでインパクト大！　セパレートで露出度の高いコスチュームは、ムーンライトとの差別化狙い。

リボンやフリルで可愛さ盛り盛りに！

ふだんは隠しているものの、実は可愛いものが大好きという設定を、リボンなどの装飾を増やすことで強調。袖口や首の後ろにもリボンをあしらっている。

後から登場する場合の差別化がテーマ

３人目のプリキュアであるサンシャインはインパクトが必要なキャラクター。ヘアスタイルもガラリと変え、ディテールもやや付け足し、目立つようにした。

ツインテールは女の子らしさの象徴！

変身前は茶のショートカット。変身後はマッシュルーム風の顔まわりに大きなツインテールを加えた。髪の量の変化がいちばん大きいのもサンシャイン。

ハイライトの入った胸元のリボンに注目！

キュアサンシャインの名前にちなんで、コスチュームは輝くイエローがテーマカラー。胸元のリボンにも、他のプリキュアにはないハイライトが！

Side Back

CV. 桑島法子さんに聞きました

パワーをもらえるキュアサンシャインのコトバ

“その心の闇、私の光で照らしてみせる！”

絶望を希望に変える、サンシャインのポジティブパワー！

キュアサンシャインのファッションここがスキ！

やはりへそ出しでしょうか（笑）。彼女のスタイルの良さが際立つポイントだと思います。

プリキュア! オープンマイハート!

陽の光浴びる一輪の花!

キュアサンシャイン!

いつきが変身するプリキュア。兄のさつきがデザトリアンにされ、ブロッサムたちが倒されてしまう。そのときみんなを守りたいと思ったいつきの心に反応し、シャイニーパフュームが現れ、いつきは太陽の戦士プリキュアになる。「その心の闇、私の光で照らしてみせる!」

明《みょう》堂《どう》院《いん》いつき

私立明堂学園中等部2年生。兄のさつきにかわって明堂院流を継ぐために日々稽古に励み、男装している。生徒会長を務めながら、つぼみたちの勧誘でファッション部へも入部。

Cure Sunshine

ハートキャッチプリキュア！

プリキュア！
オープンマイハート！
月光に冴える一輪の花！
キュアムーンライト！

月影《つきかげ》ゆり

私立明堂学園高等部2年生。頭脳明晰、容姿端麗でどこか冷めたところがある。えりかの姉でモデルのももかとは友達。植物学者の父親は行方不明で、母親と2人で暮らしている。

ゆりが変身するプリキュア。かつてダークプリキュアと戦い、サバーク博士にコロンを倒されて敗北。しかしこころの大樹に起こった奇跡でコロンが復活し、ゆりがプリキュアの種をかかげて祈ると、月の戦士プリキュアになる。「全ての心が満ちるまで、私は戦い続ける！」

Cure Moonlight

キュアムーンライト

高校2年生の月影ゆりが変身するプリキュア。他の3人との差別化を意識して、ヘアスタイルやドレスの雰囲気もガラリと変えている。シャープさと柔らかさがミックスされたようなコスチューム。

年上感を出すため切れ長っぽい目元に

ブロッサムたちとの年齢の違いを出すため、目は横幅を長めにとり、切れ長感を出している。あまり大きく笑わず、お姉さんっぽい憧れ感を演出している。

ドレスはAラインでドレープたっぷり

プリキュアの中では貴重な、長めスカートの縦落ち感でシャープな印象。スカートは、フリルのようなドレープで、ゴージャスに見せている。

髪はどこにアクセントを作るかにかなり悩んだ

他の3人との差別化を考え、髪の一部をシャープにして印象を変えた。流れるようなラインと毛束感は変身前にも通じるが、はね上がった前髪が強い意志を感じさせる。

アシンメトリーな手元が大人っぽい

左右でデザインと長さの違うグローブと飾りを着用。神秘的な美しさや大人の魅力、迫力を感じられるようになっている。

ブーツはサンシャインとほぼお揃い!

レースアップのブーツは、サンシャインとお揃い。リボンステッチの足元と対応するように上半身にもリボンラインが使われている。

CV.久川綾さんに聞きました

パワーをもらえるキュアムーンライトのコトバ

“私は戦う! みんなの笑顔を守るために!”

ムーンライトが復活するお話では、個人的にもやっと変身できるうれしさもあって、万感の思いで放った台詞で忘れられないですね。

キュアムーンライトのファッションここがスキ!

ムーンライトのスカート、前が短くて後ろが長めで彼女らしくてすごく好きです。あと、ゆりのメガネ。えりかにスリーサイズを言われて固まるシーンなど、ギャグシーンのアイテムになって好きです。でもメガネの奥の瞳を写さないで神秘的やシリアスなシーンにも使われますよね〜キラって。そういうのもかっこいいし☆ ゆりは感情を表に出さないからなおさらメガネがどんな表情してるか参考にしてました。

Column 3
なりきりキャラリートキッズ②

実際に子どもたちが着たときに、バランスよくかわいく見えること、洋服として無理なく動けることをポイントに商品化されている。

Yes！プリキュア5
キュアドリーム

チアリーダーを意識したお揃いのコスチューム。スカートはそれぞれ丈やボリューム感が異なる。キュアレモネードはスカートのボリュームを再現するためにバルーンスカートを取り入れるなど、アニメ設定にはない一工夫を入れて商品化される衣装も多い。

Yes！プリキュア5 Go Go！
キュアドリーム

チーム感が強調された5人のコスチュームは、鼓笛隊をイメージしてデザインされたジャケット風のトップス。後から登場のミルキィローズは、それまで女児向け商品ではあまり採用されなかった紫色をはじめて使って作られた挑戦的なコスチュームで大人気となった。

2007-2008

2008-2009

2009-2010

2010-2011

フレッシュプリキュア！
キュアピーチ

中世ヨーロッパ貴族のドレスのイメージと、当時流行っていたパイレーツ風の着こなしからヒントを得てデザインされた、今でも人気の高いコスチューム。玩具商品開発にあたって行われた、徹底した流行調査が反映された例。

ハートキャッチプリキュア！
キュアブロッサム

キャラクター設定では花びらがかたどられたスカートだが、中にバルーンスカートを入れてボリューム感を表現したところが最大のポイント。オーガンジーの花びらのフチをラメの糸でかがり、かわいさを格段にアップさせている。

2011-2012

スイートプリキュア♪

キャラクターデザイン：高橋 晃

加音町の私立アリア学園中学校に通う北条響と南野奏。
幼い頃は仲良しだったのに最近はケンカばかりのふたりのもとに、音楽の国メイジャーランドから
ハミィという歌の妖精が現れる。
悪の王メフィストが伝説の楽譜を奪い、幸福のメロディを不幸のメロディに書き換えようとしているので、
ふたりに伝説の戦士プリキュアになって助けてほしいという。響と奏は心をひとつにし、
プリキュアに変身して戦いに臨む。

キュアメロディ

少女マンガ風の繊細なタッチと、キラキラした雰囲気を意識してデザインされたシリーズ。音楽とスポーツが大好きな主人公、北条響が変身するキュアメロディのコスチュームは、ピンクと白を基調にしたワントーンスタイル。

Fashion Point

ボリューム満点のツインテール

ボリューミーなツインテールは、結び目に三つ編みを巻きつけているところもポイント。リボンに加え、テール部分も巻き髪にして、華やかさ満点！

華やかなフリルの段々はなんと５層！

とにかく女の子っぽい要素をたくさん入れようという意図で、スカートのフリルは５層構造！「センターを張れる華やかなコスチューム」を志向している。

目指したのは少女マンガのキラキラ感！

「目がぱっちり開いていて、キラキラしている」という少女マンガっぽさがテーマ。手足もやや細く華奢で、肉感的ではないキャラクターを目指した。

お腹がチラ見えするセパレートデザイン

メロディの上半身は華やかなフリルがたっぷり。少しの肌見せが抜けになり、軽快な印象に。ただ、おへそはハイウエストスカートの下に隠れている。

ラインソックスから伝わるスポーツ愛

音楽とスポーツが好きな一面をスニーカー風のショートブーツとライン入りソックスで表現。ピンクベースでも活発なキャラクター性が伝わる。

Side Back

CV. 小清水亜美さんに聞きました

パワーをもらえるキュアメロディのコトバ

“世界が平和になっても、悲しみは消えない”

だけど、私達が前を向いて歩むことで、悲しみの分だけ幸せを感じることが出来る。人に優しく、自分に負けず、笑顔で生きることも、一つの戦い。自分の心の悪者に負けないように生きることが、大人になった私達の戦いで。負けなければ自分だけじゃなく、お友達や周りのみんなも一緒に笑顔になれるんだなと思いました。

キュアメロディのファッションここがスキ！

頭のリボンが好きです。胸のリボン、足のリボンと、たくさん付いていて、女の子の夢が詰まっているな、という中で、頭のリボンは大人になると身につけにくくなるので、今の自分が思う「良いな」です(笑)。

スイートプリキュア♪

Cure Melody

レッツプレイ!
プリキュア・モジュレーション!
爪弾くは荒ぶる調べ!
キュアメロディ!

響が変身するプリキュア。幼い頃、奏と一緒に調べの館を訪れたとき、奏が持ってきた思い出のレコードをネガトーンにされてしまう。「絶対に許せない!」という気持ちが心の中のト音記号を光らせ、プリキュアへと姿を変えた。「ここで決めなきゃ、女がすたる!」

北条《ほうじょう》響《ひびき》

私立アリア学園中学2年生。曲がったことが嫌いで正義感が強く、元気で活発。甘い物が好きで、特に奏の作るケーキが好き。父は音楽教師、母はバイオリニストという音楽一家。

スイートプリキュア♪

レッツプレイ！
プリキュア・モジュレーション！
爪弾くはたおやかな調べ！
キュアリズム！

Cure Rhythm

奏が変身するプリキュア。響との思い出のレコードを持って、幼い頃に響と一緒に遊んでいた場所を訪れたとき、セイレーンにレコードに隠れていた音符をネガトーンにされてしまう。響と同様に心の中のト音記号が光り、プリキュアへと姿を変える。「気合のレシピ、見せてあげるわ！」

南《みなみ》野《の》奏《かなで》

私立アリア学園中学2年生。おとなしく見えて、こだわると譲らない頑固さも持つ。お菓子作りが得意でスイーツ部に所属。父がケーキ職人で、家がカップケーキショップを経営。

キュアリズム

もうひとりの主人公でもある南野奏が変身するキュアリズムは、キュアメロディとの対比で作成していったキャラクター。メロディの衣装を反転させたような配色やデザインを基調に、ディテールで違いを出している。

ウエストのリボンの位置はメロディの逆

メロディの衣装と共通モチーフも多いが、袖はパフスリーブ、お腹の肌見せはなしなど性格に合わせて上品にアレンジ。ウエストのリボンは逆側についている。

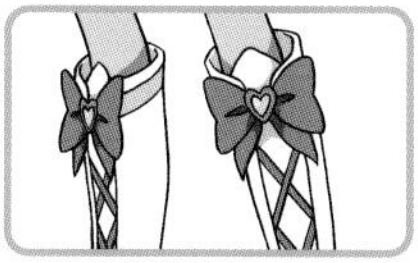

すっきりきれいに見えるロング丈のブーツ

つま先の切り替え&レースアップがスニーカーを思わせる点はメロディに通じるが、オーソドックスできれいめなロング丈なところは真面目なリズムらしい。

前作との違いを意識し足し算のデザインに

前作の「ハートキャッチ」がシンプルなデザインだったので、違いを出したいと考え、たっぷりのフリルが印象的で華やかなプリキュアに。

おっとりした性格をたれ目で表現

活発で正義感が強いメロディがつり目なのに対し、おっとりとして真面目なリズムはたれ目。優しい表情の中にも芯の強さを感じさせる。

シルエットでも映える髪の房の表現が誕生

本作の特徴的なデザインのひとつ、髪先が丸まっている房の表現は、リズムのデザイン過程で生まれた。ボリューム的にもシルエット的にも映える。

CV. 折笠富美子さんに聞きました

パワーをもらえるキュアリズムのコトバ

"刻みましょう、大いなるリズム"

心の中にある幸せのメロディは自分のリズムで作り上げてほしいなって思います。それがあなたの個性になると思うから。

キュアリズムのファッションここがスキ!

白色！ 全ての色に合う色だもの!! あと、「スイート」はみんな変身バンクのリボンが結ばれる動きが可愛くて好きです。

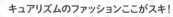

キュアビート

キュアビートは、妖精の姿であるセイレーンを先にデザイン。プリキュアのイメージも「ギターを弾く、少し渋めのキャラクター」と決まっていたが、本編が進むにつれ、イメージはどんどん変わっていった。

Fashion Point

クラシカルな立ち襟が歌姫っぽい？

上半身のパフスリーブや立ち襟が、クラシカルな歌姫の衣装を思わせる。ミューズとも共通の長いリボンが、猫のしっぽのように垂れているのもポイント。

サイドテールでとんがった雰囲気に

高い位置のサイドテールには羽飾りのついたリボンを。メロディとリズムは結び目に三つ編みを巻きつけているが、ビートはシンプルな結び方でクールな印象。

4人の中でいちばんフリルの量は多め

クール系でも、実は誰よりもフリルの量が多いのがビート。スカートも6段フリル、ブーツのはき口にもたっぷり。足首に結んだリボンが猫の首輪っぽい!?

リストバンドの長さも細かく設定

ミューズ以外は共通のリストバンドも、長さが細かく設定されている。手首から肘までの2/3を覆う長さで、肘側にはそれぞれ違うフリルがついている。

変身前のヘアにもさりげないモチーフが

妖精が変身するプリキュアはシリーズでも異色の存在。猫の姿から変身した人間、黒川エレンの頭には、セイレーンの「S」を示す髪飾りが飾られている。

CV. 豊口めぐみさんに聞きました

パワーをもらえるキュアビートのコトバ

私は、プリキュアになりたい!!

セイレーンが悩んで悩んで……やっと言えたセリフでしたので。

キュアビートのファッションここがスキ！

「スイート」のお洋服はみんなヒラヒラしててかわいいです！　キュアビートもカッコかわいくて大好きです!!　変身シーンもとても素敵で気に入ってます！

Cure Beat

レッツプレイ！
プリキュア・モジュレーション！
爪弾くは魂の調べ！
キュアビート！

エレンが変身するプリキュア。トリオ・ザ・マイナーに捕らえられそうになったハミィを見たとき、プリキュアの心である正義の心が芽生え、無意識にプリキュアへと変わる。最初は戸惑うが、ハミィを思う心から「キュアモジューレ」が出現。「心のビートは、もう止められないわ！」

黒川《くろかわ》エレン

メイジャーランドの元歌姫・セイレーン。友達思いで頑張り屋さん。人間界のことも本を読んで勉強する。嫉妬心からハミィを憎んで敵となっていたが、生まれ変わった。

レッツプレイ！ プリキュア・モジュレーション！ 爪弾くは女神の調べ！ キュアミューズ！

アコが変身するプリキュア。心を悪に染められた父メフィストを救うため、仮面をつけていた姿を見せて、父を取り戻すため戦うことを決意する。その強い気持ちがメフィストを元の姿へと戻すことになる。その後はプリキュアとしての使命を果たすために加音町に留まることに。「女神の調べで包んでみせる！」

調《しら》辺《べ》アコ

市立加音小学校３年生。３人の中でいちばんの年下だが、誰よりもしっかりしている。メイジャーランドのお姫様で、父はメフィスト、母はアフロディテ。

キュアミューズ

4人目のプリキュアであるミューズ。メイジャーランドの王女さまという設定だったので、他の3人とは異なるバルーンスカートやケープデザインなども取り入れ、気品や王族っぽさのあるアプローチにチャレンジした。

Fashion Point

ティアラのハートは黒ミューズと共通

ティアラには、物語の中盤で登場する謎のプリキュア「黒ミューズ」との関わりを示すハートが。ゴージャスなオレンジヘアはボリュームもたっぷり！

取り入れてみたかったバルーンスカート

某アーティストがCDジャケットで着用していたスカートがヒントに。上半身は細く、お尻でボリュームアップするシルエットはミューズならでは！

シリーズ初の小学生プリキュア

ミューズはシリーズ初の小学生プリキュアとしても話題に。変身前は、謎の老人・音吉さんの孫という設定なので、音吉さんと同じメガネをかけている。

王女らしい気品ある着こなし

ミューズの上半身は、王女らしいケープとドレッシーなブラウス袖が特徴的。ひとりだけリストバンドがないが、その分袖が伸び、手の甲までをカバー。

ひざ下丈のリボン付きブーツに可愛さを凝縮

4人の中でいちばん大きなリボンを飾ったひざ下丈ブーツ。ミューズの愛らしさをストレートに表現したデザイン。

Side Back

CV. 大久保瑠美さんに聞きました

パワーをもらえるキュアミューズのコトバ

“爪弾くは女神の調べ！
キュアミューズ！”

ずっと憧れていた名乗りのセリフは、何度言っても、何年経っても最高のままです！

キュアミューズのファッションここがスキ！

プリキュア変身時のバルーンスカートがお気に入りです！ロングスカートがふわっとバルーンスカートに変わるところは必見です。

Transform items

Column 4

変身アイテム②

2010年からはモチーフが多様化し、本体が光るものも。キーを使ったり、ジュエルを入れて香水のようにプッシュしたり、遊び方もいろいろ！

レッツプレイ！
プリキュア・
モジュレーション！

スイートプリキュア♪
キュアモジューレ

プリキュアが胸につけている変身ブローチ。音楽のプリキュアらしく、オカリナキーを押して演奏遊びもできる。セットするフェアリートーンによっておしゃべりやメロディが変わるので、集めてたのしむ要素も。

プリキュア・
スマイル
チャージ！

スマイルプリキュア！
スマイルパクト

立体的なリボンがあしらわれた、かわいいコンパクト。ハートのジュエルがおしゃれなパフでキュアデコルをタッチすると、それぞれのプリキュアカラーにパフが光る。うらないやかくれんぼなど、何度も遊べる7種のゲームも収録。

プリキュア！
ラブリンク！

ドキドキ！プリキュア
ラブリーコミューン

スマートフォンのように、指で「L・O・V・E」と画面をなぞって変身！ハートモチーフがたくさんちりばめられた、“ハート”がメインのデザイン。シャルルたち4人の付け替え可能なフェイスカバーがとってもキュート。

チェインジ・
プリキュア・ビートアップ！

フレッシュプリキュア！
リンクルン

クローバーキーを差し込むとカチャッと開く“ケータイ手帳”。ラブたちのように、水色のローラーを回してシフォンのお世話ができる。液晶画面は過去最大サイズに。変身モードにすれば、プリキュアがかっこよく登場！

ハートキャッチプリキュア！
ココロパフューム

ゴールドの飾りにバラの花のデザインが美しい。本物の香水のように、シュシュッとふりかける変身遊びもロマンティック。光る機能がはじめて搭載され、ピンク・レッド・グリーン・ブルー・オレンジの輝きにテンションアップ！

2012-2013

スマイルプリキュア！

キャラクターデザイン：川村敏江

七色ヶ丘中学校へ転入してきた星空みゆきは、
おとぎの国「メルヘンランド」からやってきたキャンディという妖精と出会う。
キャンディは世界をバッドエンドに変えようとする悪者たちから世界を守るため、
伝説の戦士プリキュアを探しているという。みゆきがスマイルパクトを使ってみると、
なんとプリキュアに変身！　仲間と力を合わせ、みんなの明るい笑顔を守っていく。

キュアハッピー

「Yes！プリキュア5 Go Go！」以来、ひさびさにキャラクターカラーにグリーンが復活したシリーズ。色の持つイメージを掘り下げつつ、シルエットをわかりやすく。ハッピーは明るく、おっちょこちょいなキャラ。

ほぐした三つ編みを大胆にアレンジ

当時の流行だった「ほぐした三つ編み」から発想。それだけだと地味なので、動きを出しつつ、左右に小さく髪を結び、触角のようなアクセントにした。

揃いの衣装はマーチングバンド風

お揃いのコスチュームは、肩章風のディテールや、パネルを合わせたようなデザインに、マーチングバンドのコスチューム風の意匠を取り入れている。

ブーツは全員白をベースに

ベースを白で統一し、ひと目でチームとわかる一体感を出している。ハッピーはつま先とヒール、折り返し部分をピンクで合わせ、赤リボンを飾っている。

センターの“華”をどうやって出すか

絵本好きな女の子で、三つ編みをモチーフにしたが、どう華やかに見せるか悩んだ。三つ編みのボリュームや、ほぐし方を調整し現在の形に落ち着いた。

パネルっぽいトップスにスカートを重ね着

ワンピースに見えるコスチュームは、実は上下に分かれるセパレート仕様。パネル風トップスの下に、ハイウエストのフリルスカートをはいている。

CV. 福圓美里さんに聞きました

パワーをもらえるキュアハッピーのコトバ

“みんな元気で
ウルトラハッピー”

もうこれに尽きます。みんなが幸せで私も幸せ。
素敵な口ぐせです。

キュアハッピーのファッションここがスキ！

頭の羽がかわいくて好きです。
プリンセスフォームもかわいい！

スマイルプリキュア！
SMILE PRECURE!

Cure Happy

プリキュア・スマイルチャージ！
キラキラ輝く未来の光！
キュアハッピー！

　みゆきが変身する聖なる光の力を持つプリキュア。本が並ぶ不思議な世界に迷い込んだみゆきは、ウルフルンに襲われたキャンディを助けたときに出現したスマイルパクトによって、プリキュアになる。スマイルパクトに気合をこめて「プリキュア・ハッピーシャワー」を放つ。

星空《ほしぞら》みゆき

七色ヶ丘中学校２年生。明るくて元気いっぱい。失敗しても落ち込まず、常に前向きに進んでいく。絵本は大好きでも勉強は苦手。嬉しいときに出る口癖は「ウルトラハッピー！」

スマイルプリキュア!
SMILE PRECURE!

Cure Sunny

プリキュア・スマイルチャージ!
太陽サンサン熱血パワー!
キュアサニー!

あかねが変身する炎の力を持つプリキュア。バレーボールの特訓で仲良くなったみゆきがキュアハッピーだと気付き、アカンベェに襲われたみゆきを助けようとしてプリキュアになる。「プリキュア・サニーファイヤー」で敵を浄化し、みんなをバッドエンドから救う。

日《ひ》野《の》あかね

七色ヶ丘中学校２年生。バレーボール部に所属するスポーツ好きで、熱い心の持ち主。関西弁でノリがよく、人を笑わせるのが得意。家はお好み焼き屋「あかね」を経営している。

キュアサニー

オレンジがテーマカラーで、熱血少女ではねっかえりなキャラクター。本作ではシルエットでもキャラクターらしさを強く表現しようと意識しているが、変身後も髪が短いサニーは、その試みが最もよく表れている。

くせ毛が伸びたような ショートヘアが新鮮!

変身後はロングヘアになることが多いプリキュアだが、サニーは珍しくショートヘアのまま。根元で一度結んではいるが、ショートの子も真似できる要素を作った。

ショートヘアの 耳元はイヤーカフス

耳元のアクセサリーの細やかなデザインも今シリーズの特徴。活発なサニーの耳元は、シンプルなイヤーカフスで媚びない女の子らしさを表現。

サニーとマーチは フリルなし!

お揃いコスチュームながら、ディテールで性格の違いを表現。ふたりのスカートにフリルがないのは、活発さやボーイッシュな性格を反映している。

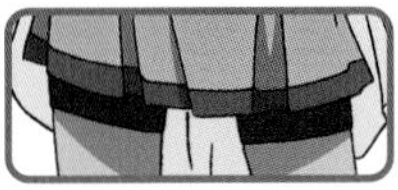

アームカバーが いちばん長い!

アームカバーのデザインも個性を出しやすいパーツのひとつ。サニーは、血の気の多さややる気を反映して(?)、5人の中でも最も長い丈で腕をガード!

短い髪の子だって プリキュアになりたい!

「ショートヘアの子だってプリキュアになりたいはず!」との思いを通したサニーの髪型。パワーアップフォームではロングに。

CV. 田野アサミさんに聞きました

パワーをもらえるキュアサニーのコトバ

“太陽サンサン熱血パワー!”

「太陽サンサン! 熱血パワー! キュアサニー!!」この中の「太陽サンサン熱血パワー」このセリフが大好き。そして、あかねをプリキュアにしてくれた言葉。なにより、元気そのものなこの言葉が私はお気に入りです!

キュアサニーのファッションここがスキ!

サニーのニシシと笑う笑顔がとびっきりで大好きです!!! 時にほっぺや頭をぽりぽりしてる姿もたまらなく好き。あげだしたらキリがない!笑

キュアピース

引っ込み思案な性格のピースは、髪型が最大のポイント。「顔を出すのが恥ずかしい」という内気さを、おでこと両側のほおをしっかりガードしたヘアスタイルで表現。頑固な一面も伝わってくるデザインになった。

Fashion Point

**ボブが大きなキノコに
ボリュームアップ**

最初はボブヘアで考えていたが、高さやボリュームを出そうとポニーテールを変形させているうちに、大きなキノコが誕生！　ハマりが良くて決定。

**アームカバーは
いちばん短い**

やや小柄な設定のピース。アームカバーはやや短めに設定。バランスを取るようにブーツ丈も短めに。

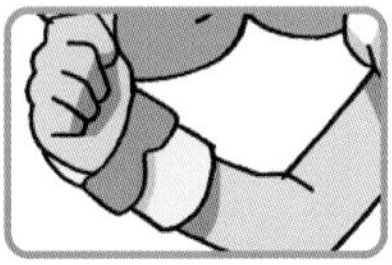

**子どもたちが真似
しやすいところを作る**

「子どもたちが影響を受けて、ごっこ遊びをしてくれたら嬉しい」との思いから、髪型やコスチューム、アクセサリーまで、取り入れやすいところを作っている。

**肩章部分や頭飾りには
天使っぽい羽のイメージ**

共通ポイントのマーチングバンド風の肩章を軽くできないかと検討した結果、羽をつけるアイデアが生まれた。キャラによって少しずつ表情が異なっている。

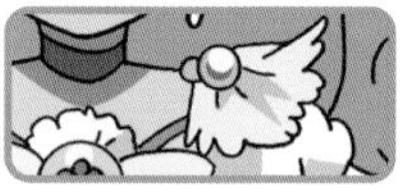

**背中部分はあえて
シンプルなデザインに**

シリーズによってはバックシャンデザインも採用するが、本作はプリキュアたちの髪にボリュームがあったので、あえてシンプルにデザイン（Back図参照）。

Side　Back

CV. 金元寿子さんに聞きました

パワーをもらえるキュアピースのコトバ

“ピカピカぴかりん、じゃんけんポン！”

変身の時の、「ピカピカぴかりん、じゃんけんポン！」。毎週、テレビの前のお友達が楽しんでくれていたらいいなと思いつつ変身していました。大人になっても、じゃんけんで物事を決めることって何気に多いですよね。笑。遊び心のある、お気に入りの部分です。

キュアピースのファッションここがスキ！

第38話で、コドモニナ～ルで小さくなった皆が可愛くて大好きです。中身も子供になって、一生懸命変身している姿にやられました！

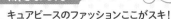

Cure Peace

プリキュア・スマイルチャージ!
ピカピカぴかりんじゃんけんポン♪
キュアピース!

やよいが変身する雷の力を持つプリキュア。みゆきたちに応援されて描いたやよいの絵がアカンベェにされてしまい、みゆきとあかねが怒って変身。しかし2人がピンチに陥り、勇気を出したやよいもプリキュアになる。ピースは「プリキュア・ピースサンダー」で、見事にアカンベェを浄化する。

黄《き》瀬《せ》やよい

七色ヶ丘中学校2年生。引っ込み思案で泣き虫だが、芯が強くて人を思いやる心を持ち、一度した約束は必ず守る。絵や漫画を描くのが好きだが、恥ずかしがって人には見せない。

スマイルプリキュア!
SMILE PRECURE!

プリキュア・
スマイルチャージ!
勇気リンリン直球勝負!
キュアマーチ!

なおが変身する風の力を持つプリキュア。アカオーニが現れ、弟たちの心を暗くされてしまい、アカンベェに家族の絆をバカにされたことで、なおはプリキュアになる。マーチは抜群の運動神経でアカンベェを翻弄し、「プリキュア・マーチシュート」を放って浄化する。

緑《みどり》川《かわ》なお

七色ヶ丘中学校２年生。６人きょうだいのいちばん上の姉で、面倒見の良い姉御肌。曲がったことは嫌いで女子サッカー部に所属するスポーツ万能な一面があるためか、女の子からも大人気。

キュアマーチ

グリーンをテーマカラーに持つマーチは、しっかりしたお姉さんキャラ。ボーイッシュでアクティブな性格をポニーテールで表現しているが、女の子らしさも残したくて髪飾りをつけている。

快活な雰囲気になるミックスヘアを採用

ショートボブ案もあったが、快活さを出すためツインテールとポニーテールをミックスしたヘアに。サイドの髪が前にせり出てくる〝うっとうしざ〟が味！

サニーとマーチのブーツはまるでリバーシブル？

サニーとマーチのコスチュームはほぼ同デザインの色違い。アームカバーやブーツの折り返し部分も、まるでリバーシブルのようになっていてユニーク。

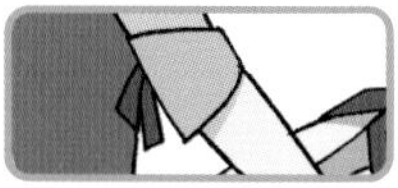

ブーツ丈は最も短め！折り返しがおしゃれ

サニーとの対比を意識し、サニーのブーツを折り返したかのようなデザインになっている。裏地のグリーンが多めに見えるので、表情が違って見える。

並んだとき、グリーンがあると印象が締まる！

必ずしも子どもたちに好まれるカラーではないため、決定に至らない場合もあるグリーン。だが、メンバーが並んだときに必要なカラーとして今回は採用に。

バックテイル部分にキャラクター性を

後ろに垂れた部分があると、立ち姿が決まるだけでなく、アクションシーンでも躍動感がアップ。マーチとサニーはスカートにフリルがない分、ここがふわっ！

CV. 井上麻里奈さんに聞きました

パワーをもらえるキュアマーチのコトバ

“勝ち負けなんて
気にしなくていいよ。
一生懸命やってみよう”

一番大切なのは勝つ事ではなく、勝つ為にどれだけ努力したか、その過程の中で大切な物が得られるのだと思います。

キュアマーチのファッションここがスキ！

ショートブーツなので、サッカーで鍛えた足がスラリと綺麗に見えます。あとスカートの後ろについている部分が今流行りのアシンメトリーでとてもオシャレです。

キュアビューティ

容姿端麗で成績もトップレベルの青木れいかが変身。いちばん大人っぽいキャラと決まっていたので、いちばん幼く見えるピースとともに、最初にデザインが確定した。顔を出したくないピースと対照的な髪型を模索した。

Fashion Point

日本のお姫さまがヘアスタイルのイメージ

前髪はパッツン。同じロングヘアでも、フェイスラインを隠したいピースとは雰囲気を変えている。ロングヘアが軽く見えるよう後ろはざっくり4分割に。

スパッツありきのスポーティデザイン

全員がプリキュアの伝統であるスパッツをあえて見せているところもポイント。コスチュームの立体感が増し、スポーティな雰囲気が強調されている。

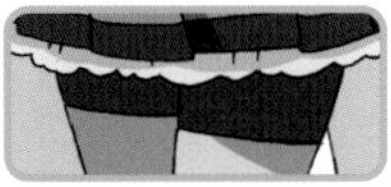

制服にもキャラごとのコーデアレンジを

制服は、切り替えのあるワンピースタイプ。キャラごとの差別化を図るべく、それぞれ違うアイテムをオン。れいかは半袖のオーバーブラウスを重ねて。

雪や氷をイメージしたブルーのコスチューム

共通コスチュームでも、ウエストラインの細やかな表現はキャラクターの違いが出るポイント。ビューティは氷の結晶のような鋭角デザインが特徴。

フリルと羽の袖は華やかな2段仕様

ビューティの清楚で優等生っぽい雰囲気を表すように、肩デザインはフリルに羽が重なった2段仕様。袖全体も長めでエレガントな感じに。

CV. 西村ちなみさんに聞きました

パワーをもらえるキュアビューティのコトバ

寄り道、わき道、回り道、しかしそれらも全て道

れいかちゃんと言えば「道」なので、やはりこの言葉を思い出してしまいます。

キュアビューティのファッションここがスキ!

元々、青が好きなのでプリキュアに変身した時の衣装が大好きです。制服姿もとってもかわいいです。

Cure Beauty

プリキュア・スマイルチャージ!

しんしんと降りつもる清き心!

キュアビューティ!

青《あお》木《き》れいか

七色ヶ丘中学校2年生。上品で優雅な雰囲気を持つ。生徒会副会長を務め、弓道部に所属する文武両道なお嬢様。めったなことでは怒らないが、怒らせるといちばん怖いタイプでもある。

れいかが変身する水と氷の力を持つプリキュア。読み聞かせ会に現れたマジョリーナに挑むプリキュアたちがピンチに陥る。マジョリーナが読み聞かせ会をバカにすると、怒ったれいかがプリキュアへと姿を変える。「プリキュア・ビューティブリザード」が決め技。

Column 5

なりきり キャラリートキッズ③

キャラクター設定のイラストをもとに、種類の違う生地の掛け合わせのバランスや装飾の配置、サイズなど細部まで考え抜かれ、緻密にデザインされている。

スイートプリキュア♪

キュアメロディ

〝うさみみ〞と、肩・スカートの豪華なフリルがポイント。当時大流行だった〝うさみみ〞がキュアメロディとキュアリズムに取り入れられた。五線譜からイメージされたボリュームたっぷりの愛らしい5段フリルは、プリキュアのフリルスカートの代表作とも言える。

スマイルプリキュア！

キュアハッピー

『Yes！プリキュア5』シリーズ同様、チーム感を意識したお揃いのコスチューム。羽とリボンのモチーフが、コスチュームやアイテムの至るところにちりばめられていて非常にかわいく、変身シーンでのメイクアップの仕草とともに人気が高いコスチュームとなっている。

2011-2012

2012-2013

2013-2014

2014-2015

ドキドキ！プリキュア

キュアハート

キャラクターの名前のとおり、髪飾り・ブローチ・アームカバー・ブーツなど、ハートが要所にあしらわれ、大事にされているデザイン。重なりのある特徴的なカットのスカートが絶妙なバランスで再現され、軽やかなかわいらしい仕上がりに。

ハピネスチャージプリキュア！

キュアラブリー

AKB48の流行から制服っぽさを取り入れた、ベスト風のトップス。主人公キャラクターでトップスに濃い別色が使われたのはキュアラブリーがはじめて。色のバランスが難しく、慎重に調整が重ねられた結果、今までにない存在感の〝ラブリー〞なコスチュームとなった。

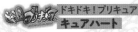

2013-2014

ドキドキ！プリキュア

キャラクターデザイン：高橋 晃

大貝第一中学校の相田マナは生徒会長を務める優等生で、
社会科見学で訪れたクローバータワーでもみんなが楽しめるように気を配っていた。
ところが「ジコチュー！」と叫ぶ怪物に遭遇して、まわりは大混乱！　マナはその怪物の前に思わず
飛び出すと、トランプ王国からきた妖精シャルルとキュアラビーズの力でプリキュアに変身。
同じくプリキュアになる仲間たちとともにジコチューを浄化する。

ドキドキ!プリキュア
DOKIDOKI! PRECURE

プリキュア・ラブリンク!
みなぎる愛!
キュアハート

Cure Heart

マナが変身するプリキュア。ジコチューから自分をかばって捕まったキュアソードを助けたい気持ちにキュアラビーズが反応し、妖精シャルルに導かれてプリキュアになる。決め技は「マイ・スイートハート」。「このキュアハートがあなたのドキドキ取り戻してみせる!」

相田《あいだ》マナ

大貝第一中学校2年生。勉強と運動が両方とも得意で生徒会長も務めることから、大人たちにも頼りにされている。考えるより先に体が動くため、問題は体当たりで解決する。

キュアハート

愛と愛から生まれるドキドキがテーマ。キュアハートに変身する相田マナは、成績優秀でスポーツも得意な生徒会長……というシリーズの中では異例の設定。髪型はツインテールなどを含め、何パターンも検討された。

結んだ髪のかたちもさりげなくハート

変身前はピンクだった髪が金髪にチェンジ。ハートのモチーフを取り入れているので、よく見ると髪飾りやブローチだけでなく、結んだ髪もハート形に！

アームカバーとブーツにもハートマーク♡

ミニ丈のコスチュームや半袖で露出した肌には、防具の役割も兼ねるアームカバーやブーツを。ハートモチーフの多用でキュアハートの愛の強さを表現。

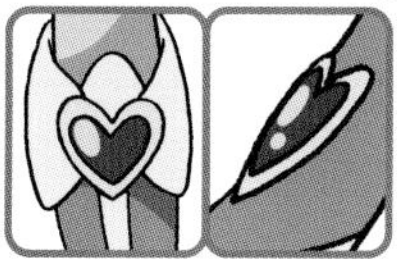

女の子のかわいい丸みを表現テーマに

全キャラクターを通して、女の子の丸みや、ほっぺたのような弾力性を意識している。全員の毛先が丸まっているのもとんがった部分を作らないため。

瞳のかたちにもひとりひとりこだわり！

ラフを考える時点で決まっていたハートのイメージは、「生徒会長で包容力があること」。人を切り捨てない優しさを、柔らかい目元でも表現している。

アシンメトリーなデザインが新鮮！

アニメで表すときは手間がかかるデザインだが、「異世界のものは地球のものとは違う」と伝える意図。たすき掛けのデザインが決まるまで時間がかかった。

CV. 生天目仁美さんに聞きました

パワーをもらえるキュアハートのコトバ

“みなぎる愛！
キュアハート”

毎回言っていたので心に刻み込まれてます!!

キュアハートのファッションここがスキ！

少し着物っぽい衣装なのはとてもお気に入りです。襟のところとか。

キュアダイヤモンド

相田マナの幼馴染み、菱川六花が変身するプリキュア。ハートと対比になるよう意識しながらデザインしている。初期のラフ段階からほとんど変わらないイメージが採用になった。テーマカラーはブルー。

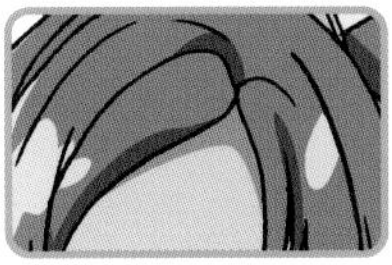

ハートと対照的な おでこ出しスタイル

すっきりとおでこを出したヘアスタイルがいかにも賢そう。ポニーテールの両サイドから毛先がうず巻きになった髪が伸び、ポイントになっている。

ダイヤモンドの輝きの ようなコスチューム

イメージモチーフはダイヤで、イメージカラーはブルー。雪や氷を操るプリキュアらしく、スカートは雪の結晶のように裾に向かって広がっている。

アームカバーではなく ブレスレットを着用

コスチューム自体が華やかなので、他の４人のようなアームカバーはなく、腕には金のブレスレットのみ。足元もショートブーツで軽さを出している。

５人の中では いちばんつり目！

キリッとしたつり目でクールな性格を表現。当初はつねにメガネをかける案もあったが現状のデザインに決定。

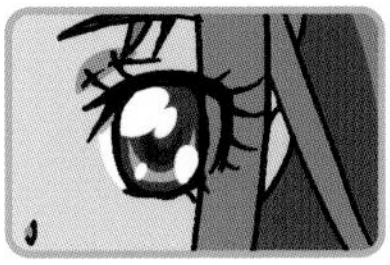

ダイヤモンドは 初期イメージのまま

変身後のデザインはあまり変わらないが、変身前の六花には、メガネを外すと美少女という案も。最終的には、かけてもかけなくても美少女になった。

CV. 寿美菜子さんに聞きました

パワーをもらえるキュアダイヤモンドのコトバ

“響け、愛の鼓動！
ドキドキ！プリキュア”

やはり初めてこの言葉をみんなで言った時に感動しました。強さもあるのに優しさもある素敵な言葉です。

キュアダイヤモンドのファッションここがスキ！

スカートのヒラヒラと、カラーリングがお気に入りです。こういうスカートがあったらいつか着たいと小さい頃から憧れていたデザイン。そしてこの「ドキドキ！プリキュア」ならではのパステル調の優しいカラーリングが好きです。

Cure Diamond

プリキュア！ラブリンク！
英知の光！キュアダイヤモンド

六花が変身するプリキュア。六花がお父さんへ書いた手紙をジコチューから守ろうとしてくれたマナを助けたいと願ったとき、妖精ラケルに導かれてプリキュアになる。決め技は「トゥインクルダイヤモンド」。「このキュアダイヤモンドがあなたの頭を冷やしてあげる！」

菱川《ひしかわ》六花《りっか》

大貝第一中学校２年生。勉強好きで全国模試でベスト10に入るほどの頭脳の持ち主。生徒会の書記を務め、マナとは家も近所で幼馴染み。いつもマナのフォローに回っている。

ドキドキ！プリキュア

DOKIDOKI PRECURE

Cure Rosetta

プリキュア！ラブリンク！
ひだまりポカポカ！
キュアロゼッタ

ありすが変身するプリキュア。幼い頃のある経験が理由でプリキュアになることを拒んでいたが「力はおのれの愛する者を守るためのもの」というおじいさまの教えを思い出し、プリキュアになる。「世界を制するのは愛だけです。さあ、あなたも私と愛を育んでくださいな♪」

四葉《よつば》ありす

私立七ツ橋学園に通う、マナの幼馴染み。四葉財閥のお嬢様ゆえに感覚のズレがあり、周囲を驚かせる発言もある。やさしくておっとりした性格で、友達を人一倍大事にしている。

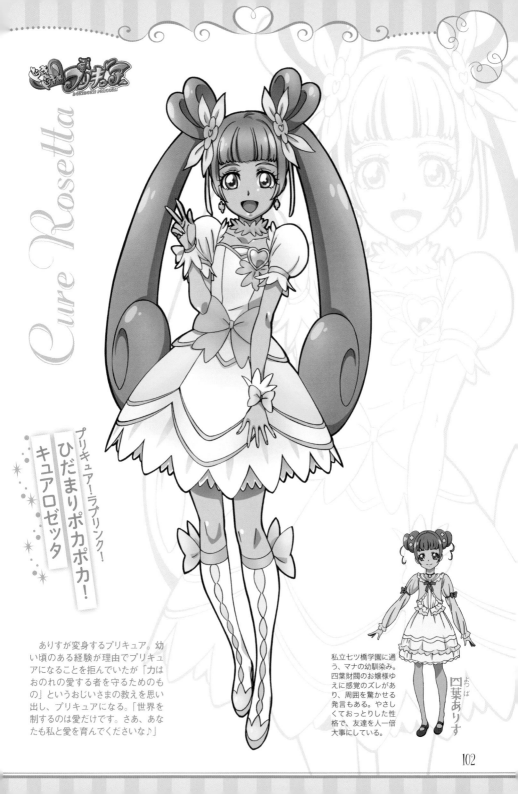

キュアロゼッタ

財団総帥の父とオペラ歌手の母を持つ、四葉ありすが変身するプリキュア。お嬢様キャラなので、他のプリキュアよりフリルは多め。全体的に丸みのあるふんわりしたキャラクターで、目元も少したれ目にしている。

クローバーの四つ葉をいたるところに

大きなツインテールが目印！四つ葉のイメージで、お団子や結んだリボンの枚数なども「4」で統一している。髪飾りは当時のアイドルのものなどを参考に。

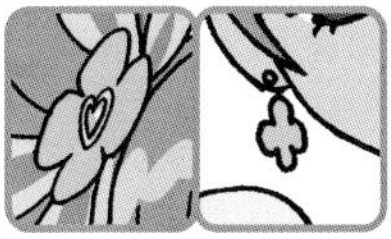

お嬢様らしい上品なロリータ系

黄色と白のブロックスカートは、フリルたっぷりのロリータ風。パフスリーブや腰のリボンなどとともに、女の子が大好きなかわいらしいイメージに。

初期設定のロゼッタはツインテールが短かった

ロゼッタは、ほぼ初期のイメージで早くにデザインが決定。ただ、ツインテールの髪は肩ぐらいとやや短く、最終形よりも少し幼いイメージだった。

メインカラー以外の色を差して華やかに

本作での挑戦ポイント。メインカラーがイエローのロゼッタは、四つ葉を表すグリーンを入れることで個性を際立たせた。

手元やブーツにも蝶のようなリボン

ロゼッタとは、放射状に花びらが並ぶ花のこと。植物やオーガニックなものがモチーフなので、アームカバーやブーツのリボンも蝶をイメージしている。

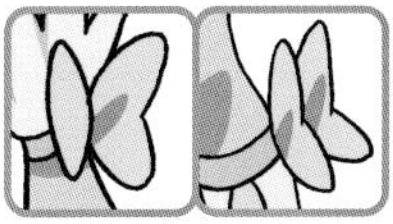

CV. 渕上舞さんに聞きました

パワーをもらえるキュアロゼッタのコトバ

“防御こそ
最大の攻撃です‼”

弱いから守るのではなく、それが強いんですよ。深い。

キュアロゼッタのファッションここがスキ!

ツインテールを飾るクローバーのヘアアクセ♧ロゼッタを形作る最も特徴的なパーツだと思います。

キュアソード

アイドル活動をしながら王女を探している剣崎真琴が変身するプリキュア。みんなが憧れるファッションリーダーでもあるので、スタイリッシュな雰囲気を意識。5人の中ではいちばんスレンダーに描いている。

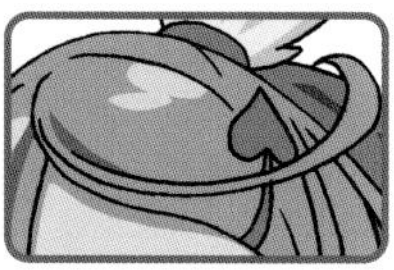

動きのあるショートボブが特徴的！

アイドルで、ファッションリーダーでもあることから、実在のアイドルを参考にしたスタイリッシュなショートヘアに。スペード形のヘアアクセもポイント。

初期ラフではロングヘア&パンク要素もあった

初期ラフでは、ワイシャツにスカート、柄物のストッキングというパンクっぽい私服スタイル案も。髪もロングヘアだったが、検討の結果、現在の姿に。

無駄のないデザインもソードらしさ！

ニーハイブーツは縦のラインを強調するセンターライン入り。Vカットでほとんど飾りのないシンプルなデザインが、まっすぐに伸びた「剣」を連想させる。

シャープな雰囲気はソード（剣）を意識

丸みを意識したシリーズではありつつ、飾りの少ないすっきりしたボディラインや、ギザギザの裾、ギャザーなしスカートなどでシャープさを出している。

私服にもキャラクターイメージを

真琴はファッションリーダー的存在なので、私服もスタイリッシュさを追求。当時流行っていたロングベストを採用したところ、真琴らしさにつながった。

CV. 宮本佳那子さんに聞きました

パワーをもらえるキュアソードのコトバ

“一緒に何かをするってとても素敵なことなのね”

心を閉ざしていた真琴がマナたちと友達になって成長した1年間がつまっている一言です。

キュアソードのファッションここがスキ！

「ドキプリ」はパステルカラーみたい。ソードの紫色がお気に入りです。エンディングを踊ってるソードがとても可愛いです。スペードマークを見るとソードだっ!! って反応しちゃいます。

プリキュア！ラブリンク！
勇気の刃！
キュアソード

Cure Sword

真琴が変身するプリキュア。ジコチューの侵略からトランプ王国を守れなかったことを悔やみ、はぐれてしまった王女を探しながら1人で孤独に戦ってきたが、マナたちと触れ合って仲間になる。「このキュアソードが、愛の剣であなたの野望を断ち切ってみせる！」

剣崎《けんざき》直琴《まこと》

トランプ王国からマリー・アンジュ王女とともに地球へ逃げてきた、王女の歌姫。強気な態度を見せる一方で、可愛いものが好きな面も。人間界ではアイドルとして活動している。

ドキドキ!プリキュア

プリキュア・ドレスアップ!

愛の切り札!
キュアエース

Cure Ace

亜久里が変身するプリキュア。レジーナに襲われたマナたちの危機に駆けつけ、「プリキュア5つの誓い」を伝えた。その後、マナと力を合わせてジコチューを浄化し、仲間となる。「美しさは正義の証。ウインクひとつであなたのハートを射抜いてさしあげますわ!」

円《まどか》亜《あ》久里《ぐり》

小学4年生。プリキュアに変身すると美しい女性へと姿を変える。マナたちの中ではいちばんの年下だが、対応は大人びている。甘いものが好きで、年相応の可愛らしい一面も。

キュアエース

小学生の円亜久里が変身するが、実はアン王女の生まれかわりでもあるという複雑な設定のため、デザインの方向性にはかなり悩んだ。４人のプリキュアを指導するメンター的役割もあり、3〜４歳ほど年上のイメージ。

**大人の象徴でもある
メイク感を強調**

変身シーンでは、メイクをしながら大人になっていくため、他の４人よりメイク感は強め。ただ、赤系統の色味で統一することで派手になりすぎるのを回避している。

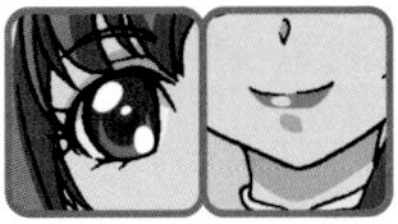

**王女さまらしい
Aラインドレス**

正面から見ると「A」に見えるコスチュームを、曲線的な装飾でお姫様っぽく華やかに見せている。後ろだけが長いテイルデザインで戦いやすさも確保！

**いちばん難航した
キャラクター**

ハートもなかなか決まらなかったが、最初に固まったロゼッタに合わせて他の３人をデザイン。エースは、アン王女の要素をアレンジしたが難産だった。

**情熱的なレッドヘア
サイドは夜会巻き風!?**

イメージカラーのレッドを髪色にも採用。ポニーテールではあるが、サイドから見ると夜会巻き風のデザインで、上品でエレガントな雰囲気を出している。

**胸のハートの輝きが
タイムリミットの合図**

エースは気合で大人になっているので、変身は5分しか持たない。ジャケットに輝くハートは、時間が来ると点滅するタイマーの役割も。

CV. 釘宮理恵さんに聞きました

パワーをもらえるキュアエースのコトバ

“愛の切り札！
キュアエース”

この名乗りがやはり一番大好きです！

キュアエースのファッションここがスキ！

全てが大好きです！ 色も形も、エレガントで可愛らしさもあって、まさにキュアエース！なところが！

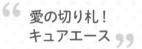

Transform items

Column 6

変身アイテム③

シリーズごとの個性豊かなデザインは、ついにぬいぐるみにまで進化。凝ったデザインはおもちゃの裏側にも及び、隅々までとってもかわいい！

2016-2017

キュアップ・ラパパ！ ミラクル・マジカル・ジュエリーレ！

魔法つかいプリキュア！

モフルン

みらいが大切にしているくまのぬいぐるみ。手をにぎると、「モーフ♥」と、かわいい声でたくさんおしゃべりしてくれる。変身遊びのときには、アニメそのままにお腹がハートにぴかっと光る。ずっと触っていたくなるふわふわの手ざわり。

キュアラモード・デコレーション！

キラキラ☆プリキュアアラモード

スイーツパクト

ホイップクリームがスイートなビジュアル。まぜまぜスティックで「レッツ・ラ・まぜまぜ！」すれば、あなたもキュアホイップに。ボウルがカタカタ動くのがリアル！　アニマルスイーツをつけかえれば、キャラクターのおもちゃオリジナルのセリフが聞ける。

2018-2019

ミライクリスタル！ ハート、キラっと！ は～ぎゅ～！

HUGっと！プリキュア

プリハート

初期シリーズの頃と同じケータイ型。電話モードでは話したいプリキュアとおしゃべりができ、くるっとスライドさせるとハートモードに変化！　ハートマークを「はぎゅ～♥」とタッチするたびに画面の光の色が変わり、変身のセリフが流れる。

2014-2015

プリキュア！ くるりんミラーチェンジ！

ハピネスチャージプリキュア！

プリチェンミラー

プリカードをセットすると、プリチェンミラーにプリキュアが浮かび上がって変身！　プリカードを替えればフォームチェンジのセリフやメロディが流れ、お仕事服やおしゃれ服にお着替え遊びも。通常のミラーとしても使用できる。

2015-2016

プリキュア・プリンセス・エンゲージ！

Go！プリンセスプリキュア

プリンセスパフューム

見ているだけでうっとり♥　まさにプリンセスな光の香水。シュシュッとすると香水が減り、音声が流れて本当にプリキュアに変身するみたい！　ロングドレスがモチーフのエレガントなドレスアップキーも大人気。音量調節も可能に。

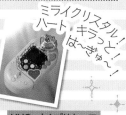

2014-2015

ハピネスチャージプリキュア！

キャラクターデザイン：佐藤 雅将

世界の各大陸で暴れるサイアークに侵略されたブルースカイ王国の王女・ひめは
プリキュアとして戦っていたが、一緒に戦う仲間を探すことにした。
地球の神様・ブルーに手渡された「愛の結晶」が
パートナーへと導いてくれると聞いたひめだったが、使い方がわからずに放り投げてみる。
その結晶が当たったのは愛乃めぐみだった。こうしてふたりは運命の出会いを果たし、
プリキュアとしてともに戦うことになる。

キュアラブリー

「みんなの幸せのために戦う」が本作のテーマ。ほぼ原案通りのデザインで進行。困っている人を放っておけない愛乃めぐみが変身するキュアラブリーは、重めの前髪がポイント。

Fashion Point

明るい性格でもあえて重めの前髪

明るいキャラクターはおでこを出すスタイルが多いが、髪色やコスチュームがハッピー感のあるピンクなので、あえて重めの前髪で愛らしさを出している。

アイドルの制服風衣装がヒントに！

当時大人気だったアイドルたちの衣装を取り入れて、上半身は制服っぽいベスト型に。スカートや肩などのデザインは各プリキュアで異なる。

大きなポニーテールでポーズを引き立てる

変身や戦いなどで見得を切る際になびくものが欲しいと考え、大きなポニーテールが生まれた。マントのように立ち姿を引き立てる役割がある。

ラブリーの丈を基準にバランスを調整

最初にキュアラブリーのブーツを決めてから、各プリキュアのブーツ丈を調整。きれいめで王道感が強い折り返しニーハイブーツはヒロインにぴったり！

フォームチェンジでさまざまなスタイルに

「かわルンルン！」のセリフとともに戦いの状況に合わせてフォームチェンジ。ラブリーは色鮮やかなダンス系のサブフォームに変身。

ロリポップヒップホップ

チェリーフラメンコ

CV. 中島愛さんに聞きました

パワーをもらえるキュアラブリーのコトバ

“たったひとつでも愛がある限り、私は、私達は幸せを諦めない”

ハピネスチャージが一番伝えたかったメッセージが詰まっています。

キュアラブリーのファッションここがスキ！

特に、髪飾りがお気に入りです！ ラブリーの重めの前髪とボリュームのあるポニーテールが好きなんですが、そのスタイルにとても合っていると思うので。

プリキュア！
くるりんミラーチェンジ！

世界に広がるビッグな愛！キュアラブリー！！

Cure Lovely

愛《あい》乃《の》めぐみ

ぴかりが丘学園に通う中学2年生。いつも笑顔で元気いっぱい、ドジで失敗が多いが何事にも前向きな性格。かわいいファッションに興味があるものの、センスがないと自覚している。

めぐみが変身する愛のプリキュア。愛の結晶が当たってひめと出会ったとき、サイアークが出現。プリキュアになって戦うひめがピンチになり、ひめを助けたいと思いプリキュアになる。決め技の「プリキュア・ピンキーラブシュート」で敵を浄化する。「愛よ、天に帰れ！」

プリキュア!　くるりんミラーチェンジ!
天空に舞う蒼き風!
キュアプリンセス!

Cure Princess

ひめが変身する勇気のプリキュア。世界を最悪に変えようとする幻影帝国の指示によって街で暴れるサイアークを倒すために戦うが、臆病なためにいつも苦戦をしいられる。しかし、めぐみと一緒に戦うことで、少しずつ自信をつけて成長していく。「勇気よ、天に帰れ!」

白雪《しらゆき》ひめ

ブルースカイ王国の王女であり、次期女王。ファッションセンスは抜群。人見知りのせいで友達がおらず、めぐみが初めての友達になった。めぐみと同じぴかりが丘学園に転入する。

キュアプリンセス

シャイでこわがり屋のブルースカイ王国の白雪ひめが変身。キュアラブリーの次にデザインされた。序盤ではやや未熟な部分が多く、引っ込み思案な性格なので、おでこを前髪で隠してその雰囲気を出している。

風系の技が得意！羽のモチーフに

イメージカラーはブルー。風系の技が得意なので、羽のモチーフが大きめにあしらわれている。共通の胸リボンも他の3人とは異なるネクタイ型。

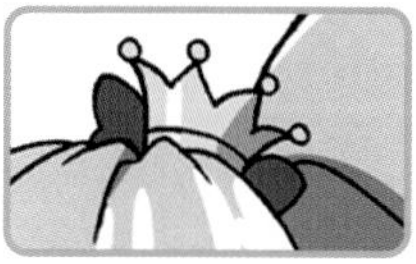

プリンセスらしく頭にはクラウン

コスチュームがお揃いなので、小物やディテールでキャラクターらしさを追求。小さなクラウン形のヘッドアクセならコスチュームの雰囲気も邪魔しない。

個性的でキュートなツインテール

ヘアスタイルの流行も参考にして、ツインテールヘアを採用。シャイな性格を重めの前髪で表しているが、実は頑固な一面もあるため、眉は少し太めに。

マカダミアフラダンス　シャーベットバレエ

アクションシーンで動かしやすいパーツを

子どもたちに馴染みやすいキャラクターであることが前提。さらにアクションシーンで様になり、動かしやすいパーツづけやデザインを意識している。

ショート丈ブーツとソックスでおしゃれに

ファッションセンス抜群という設定のプリンセスは、ブーツ単品ではなく、ニーハイソックスとのコーディネートでおしゃれ感を演出し、差別化している。

CV.潘めぐみさんに聞きました

パワーをもらえるキュアプリンセスのコトバ

ハピネス注入！
幸せチャージ！
ハピネスチャージプリキュア！

1人じゃ成り立たない、この口上。はじめは2人からはじまって、それが3人になって、4人になっていって……。作品のテーマでもありますし、毎話、毎話、そのときの気持ちを込めているので、この言葉にしました。

キュアプリンセスのファッションここがスキ！

「ひゅっ！　ばきゅん！」あ、服装じゃなく仕草ですね。すみません。でも、変身バンクの、頭のリボンと王冠は、一国の王女様の印であり、おしゃれなひめ自身のポイントだと思います！両拳を突き出したり、駆けてくる足元であったり、その活発さもギャップがあって……1つに絞れません！　ごめんなさい！

キュアハニー

ごはんが大好きな大森ゆうこが変身するプリキュア。ラブリー、プリンセスに続く3人目で、デザインの自由度も高かったので、変身前の髪型はショートに。おでこを出したスタイルで明るい性格を前面に出した。

Fashion Point

幸福を呼ぶ四つ葉のクローバーを耳元に

「平和にごはんを食べたい」という願いを四つ葉のクローバーのイヤリングにも込めている。二の腕や腰まわりは少し太めにデザイン。

腰の羽は大型化すると空を飛べる

4人に共通する腰部分の小さな羽は、大型化すると空を飛ぶことができる。基本フォームで空を飛べるのは、実はやや珍しい。

変身前から印象激変！金髪ウェーブヘアに！

変身後のヘアはロングと決まっていたので、変身前はあえてのショートヘア。変身後にもっとも変化があるキャラクターになった。ふんわり感がポイント。

歌で敵の心も癒やす！優しさをかたちに

癒やし系で優しさにあふれたキュアハニーのコスチュームは、袖もふっくら丸いパフスリーブ。ギャザーで花のようなかたちを作ったスカートもかわいい！

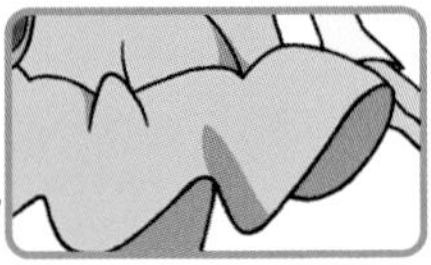

ひざ丈のブーツはリボンがアクセント

プリンセスとラブリーの中間の長さにデザイン。どこかマーチングバンドを思わせるVカットの白ブーツは、バトンを回して戦うハニーによく似合っている。

ココナッツサンバ

ポップコーンチア

CV. 北川里奈さんに聞きました

パワーをもらえるキュアハニーのコトバ

“ハニーキャンディーをどうぞ”

「ハニーキャンディーをどうぞ」という一言は、はじめましての相手との距離もぐっと縮めることができる魔法の言葉だと思います。

キュアハニーのファッションここがスキ！

キュアハニーのポニーテールがとても好きです。オーディション資料をいただいた時に一目ぼれしたのを覚えています。変身バンクで、ショートカットからポニーテールへと変化するシーンはお気に入りです。

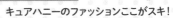

プリキュア! くるりんミラーチェンジ!
大地に実る命の光! キュアハニー!

Cure Honey

ゆうこが変身する優しさのプリキュア。めぐみがプリキュアになる前に、精霊ブルーが放った愛の結晶でプリキュアになっていたが、嬉しすぎて言えずにいた。「ゆっくりおいしいごはんを食べたい」という信念を持ってサイアークたちと戦う。「命よ、天に帰れ!」

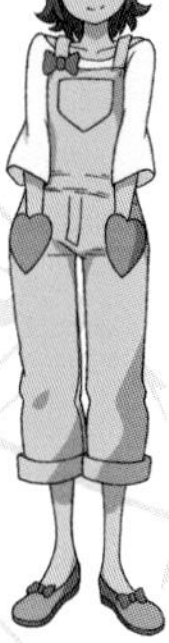

大森《おおもり》ゆうこ

ぴかりが丘学園の中学2年生で、めぐみのクラスメイト。癒やし系のおだやかな性格で周りの人をなごませる。家はお弁当屋「大森ごはん」を経営し、ゆうこ自身も食べることが好き。

プリキュア!
きらりんスターシンフォニー!

夜空にきらめく希望の星!
キュアフォーチュン!

Cure Fortune

いおなが変身する運命のプリキュア。当初は正体不明のプリキュアとしてひとりでサイアークと戦っていたが、自ら正体を明かし、チームを組むようになる。空手有段者であるため、もともと戦闘能力が高く、ひとりで大勢のサイアークを相手にしている。「星よ、天に帰れ!」

氷川《ひかわ》いおな

ぴかりが丘学園の中学2年生。真面目な性格で、一度決めたことは譲らない。最初は協力に乗り気ではなかったが、めぐみたちと接し、次第に変わっていく。

キュアフォーチュン

物語の途中から参加するキュアフォーチュンは、たったひとりで戦ってきた氷川いおなが変身する孤高のプリキュア。ラブリーの"陽"に対しての"陰"、裏主人公というイメージもあり、ラブリーとの対比を意識した。

賢く真面目な性格をセンター分けで表現

成績は学年トップ、スポーツ万能でクールなキュアフォーチュンらしさをセンター分けの前髪で表現。ボリューミーなロングヘアも立ち姿を引き立たせる。

空手のサポーターのような白アームカバー

他のプリキュアとの違いはディテールで表現。ブーツやアームカバーなど白でカバーする部分が多い衣装は、空手が得意ないおなの道着スタイルっぽい!?

フリルやスカートもシャープさを心がけた

紫系統のキャラクターの性質はピンクと正反対。かつ主役に匹敵する強さもあるので、スカートのフリルや袖などもシャープな線を意識した。

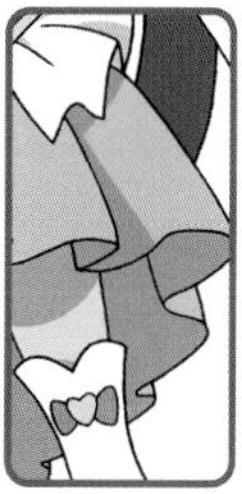

ラブリーと対になるニーハイブーツ

裏主人公というテーマから、ラブリーと共通のポイントをいくつか入れている。ニーハイブーツもそのひとつだが、微妙に女子らしいデザインになっている。

最初はもっと暗いキャラクターだった

企画段階ではあまり笑わない設定だったので、表情集にも笑顔がなかった。衣装はタイトスカート案もあったが、ベストと合わせるとOLっぽくなりすぎてとりやめに。

CV. 戸松遥さんに聞きました

パワーをもらえるキュアフォーチュンのコトバ

"夜空にきらめく希望の星!
キュアフォーチュン!"

このキメ台詞は今でも忘れられません!
初めてこのセリフを言ったとき、本当にプリキュアなんだぁ!
と感動したあの気持ちは一生忘れられません!

キュアフォーチュンのファッションここがスキ!

スカートの丈が後ろだけ長めなところ! カラーが紫色なので、彼女の性格と個性に良く合っていると思います。
あとは変身した後のキメポーズ! どのシリーズでもそれぞれのポーズがありますが、私もいおなの変身ポーズをよく真似していました(笑)。

Column 7

変身プリチューム④

『Go！プリンセスプリキュア』シリーズから、"なりきりキャラリートキッズ"がコンセプトも価格も新しくなって"変身プリチューム"として登場！

Go！プリンセスプリキュア

キュアフローラ

プリキュアがロングドレスになるという設定を再現しようと試行錯誤した結果、ミニとロングの2wayで商品化して大人気となった。ロングドレスの丈は、子どもが無理なく動けるように考慮された長すぎないデザイン。

2015-2016

魔法つかいプリキュア！

キュアミラクル

キュアミラクルとキュアマジカルは「対比」がテーマのコスチュームデザイン。キュアミラクルはふわっとしたアシンメトリーなスカートがポイントで、曲線が多く、シンプルにまとめながらもおしゃれさとピュアさが際立つコスチューム。

キラキラ☆プリキュアアラモード

キュアホイップ

スカート部分にそれぞれのスイーツモチーフがプリントされ、かわいくておいしそうなコスチュームとなり子どもたちの心をつかんだ。動物とスイーツの要素のバランスは様々に検討され、"うさぎ耳"などのデコラティブな装飾は、イヤリングとともにアクセサリーセットとして商品展開されている。

HUGっと！プリキュア

キュアエール

キャラクター設定のイラストの再現度を追求しつつ、生地はデコラティブなものを使って、華やかな仕上がりになるようこだわって作られた。近年のシリーズではひとりひとりに違うデザインテーマが立てられているため、それぞれの商品化へのアプローチも異なる。

2015-2016

Go！プリンセスプリキュア

キャラクターデザイン：中谷友紀子

ノーブル学園に通う中学1年生の春野はるかは、プリンセスになることを夢見ていた。
新しい生活に大はしゃぎしていると、森で不思議な生き物、妖精のパフとアロマに出会う。
妖精たちの話を聞いていたとき、クローズという悪者が現れ、怪物ゼツボーグを生み出した。
はるかはプリンセスパフュームの力でプリキュアに変身し、
夢のため、みんなのためにディスピアの侵略を止めるべく立ち上がる！

Go!プリンセスプリキュア
PRINCESS PRECURE

プリキュア・プリンセスエンゲージ！
咲きほこる花のプリンセス！
キュアフローラ

はるかが変身する花のプリキュア。クローズによってルームメイトのゆいが檻に閉じ込められ、怪物ゼツボーグが生み出されたとき、ゆいを助けたいと願ってプリキュアになる。「舞え、花よ！　プリキュア・フローラル・トルビヨン！」と叫んで決め技を放つ。

春《はる》野《の》はるか

私立ノーブル学園に通う中学1年生。元気で明るく、夢をかなえるために努力を惜しまない。『花のプリンセス』という絵本が好きで、プリンセスになるのが夢。口癖は「ステキすぎる！」。

キュアフローラ

最初から決定していたのはプリンセスというモチーフ。また、「キーとパフューム」というアイテムも指定があったので、そこを出発点に考え始めた。フローラの髪型と顔はすぐ決まったが、コスチュームはかなり難航。

毛量は多め！西洋の貴族っぽく

わかりやすいプリンセス感を目指し、金髪のウェーブヘアに。前髪にメッシュを入れたり、後ろ髪にグラデーションを施しているのも珍しいアプローチ。

ロココ調のデコラティブなドレスをイメージ

フローラは王道のプリンセスである西洋のお姫さまをイメージ。攻撃時にロングドレスになる設定で、モードエレガントは通常のプリキュア姿と上半身が同じ。

裏地の色はなかなか決まらなかった部分

フローラは花が好きな設定なのでドレスも花をイメージ。ただ裏地は、単純に表地の影の色にしたところきれいに見えなかったので、何度も修正を重ねた。

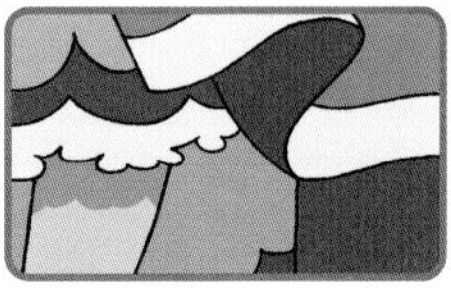

プリンセスなのでヒールは少し高め

「アクションで踏ん張るから」という理由で、プリキュアシリーズのブーツのヒールは低めだが、今回はプリンセスモチーフなので少し高め（Side図参照）。

フローラの衣装案は5パターン以上!?

フローラのドレスは最初の段階で5パターンくらい、髪型もたくさん案があった。これと決めつけずに可能性を探ったが、最終的には初期案に落ち着いた。

CV. 嶋村侑さんに聞きました

パワーをもらえるキュアフローラのコトバ

“夢だって、消せないよ。
絶望がある限り、
夢だって輝き続ける。
いつまでも”

キュアフローラのファッションここがスキ！

キュアフローラの時の髪の毛と瞳の色が、輝きにあふれていて、本当に眩しいです。同点でスカートの形も短いながらノーブルさがあって可愛いと思います。

キュアマーメイド

フローラとともに、最初から設定がしっかり決まっていたのがマーメイド。人魚のモチーフで、ブルーがテーマカラー。シルエットとともに髪の表現など、細部までこだわってデザインしている。差し色のピンクもこだわり。

悩んだ前髪、初期はパッツン⁉

メッシュカラーがおしゃれな編み込みの前髪が目をひくが、初期は切りそろえたパッツン前髪にメッシュを入れる案もあった。編み込みパターンが好評で変更。

髪は海のような水をイメージ！

波打つようなロングヘアは実は水のイメージ！海の中のような透明感のあるグラデーションや、ハイライトも特殊なデザインにしてこだわっている。

人魚っぽさを意識してへそ出しスタイルに

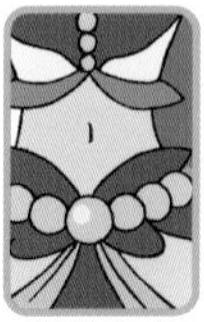

上半身やウエスト部分は人魚っぽさを表現したデザイン。へそ出しスタイルに、貝殻やパールのようなモチーフを飾って、海のお姫さま感を出している。

元気なミニスカートと“尾びれ”の組み合わせ

活動的なミニスカートの後ろにエレガントなテールスカートを合わせた意外性のあるデザイン。尻びれのようなギザギザや、濃色の縁取りがおしゃれ！

モードエレガント

モードエレガント アイス

モードエレガント バブル

ピタッとしたラインを意識

マーメイドラインという言葉もあるくらいなので、ピタッとしたラインを意識。あとは、女の子が見て「可愛い」と思えるものをできる限り詰め込んだ。

すっきり白ブーツに波のようなスカラップ

プリキュアの個性はブーツでも表現。マーメイドのブーツは白をベースに、はき口の2色スカラップやパール、トウの濃いブルーのラインをポイントにしている。

CV. 浅野真澄さんに聞きました

パワーをもらえるキュアマーメイドのコトバ

とても一つには絞り切れない（笑）！

いつでも前向きで、常にベストな道を探そうとするキュアマーメイドの強さや賢さは、演じていても本当に背筋が伸びます。

キュアマーメイドのファッションここがスキ！

実はおへそが出ていてちょっぴりセクシーなところ（笑）。それから服というわけではありませんが、髪の毛がグラデーションになっているところが綺麗で大好きです。

プリキュア・
プリンセスエンゲージ！
澄みわたる海のプリンセス！
キュアマーメイド

Cure Mermaid

海藤《かいどう》みなみ

私立ノーブル学園の中学２年生。責任感が強いしっかり者で、生徒会長。大企業の社長令嬢で「学園のプリンセス」と呼ばれる。はるかに得意なバレエを教えてほしいとたのまれる。

みなみが変身する海のプリキュア。ゼツボーグが暴れ始め、はるかがフローラとなって戦うのを目撃。苦戦していたフローラを助け、学園のみんなを守りたいとプリキュアになる。「高鳴れ、海よ！　プリキュア・マーメイド・リップル！」と決め技を放つ。

Go! プリンセスプリキュア
PRINCESS PRECURE

プリキュア・
プリンセスエンゲージ！
きらめく星のプリンセス！
キュアトゥインクル

天《あま》ノ《の》川《がわ》きらら

きららが変身する星のプリキュア。一度はプリキュアになるのは危ないとプリンセスパフュームを返したが、ゼツボーグに大事なファッションショーを邪魔された怒りでプリキュアになる。「キラキラ、星よ！　プリキュア・トゥインクル・ハミング！」の掛け声で技を放つ。

ノーブル学園に通う中学１年生。マイペースでおしゃれが大好き。雑誌やファッションショーに出るなど、人気モデルとしても多忙な毎日を送る。夢はトップモデルになること。

キュアトゥインクル

フローラ、マーメイドが決定した後にデザインしたトゥインクルは、シルエットや髪型がかぶらないよう､バランスを取りながらデザインしたので比較的スムーズに進行。トゥインクルも髪の表現に細かくこだわっている。

Fashion Point

歴代ナンバー1の肩の露出がポイント

歴代のプリキュアのデザインを念頭に、かぶらないコスチュームを考えた結果、肩を大きく露出するベアトップデザインに。前例がないことも原動力に。

ツインテールをベースにアレンジ！

後ろから見ると2段のツインテール。ふたつに分けたボリュームヘアをふわふわの髪留めでとめている。グラデーションや丸いハイライトが特徴。

真上から見ると星のかたちに！

ドレスのモチーフは星。スカートの裾の尖った部分や、垂れ下がった部分が星っぽく鋭角になっているのと、真上から見ると星に見えるよう工夫している。

肩を出している分ブーツはニーハイに！

上半身に露出が多い分、脚は太ももまでをニーハイブーツでカバー。はき口を折り返したデザインをアクセントにしている。アクセサリーは星で統一。

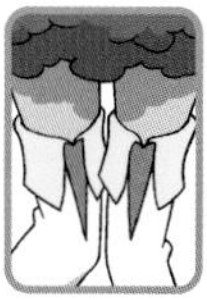

Side　Back

モードエレガント ルナ

モード エレガント

モードエレガント シューティングスター

癒やし系の役割が多いイエローがつり目に！

「ふつう」のフローラに対しマーメイドには「ライバル」、トゥインクルには「変化球」の役割を持たせたかった。紫を差し色にして気の強さや大人っぽさを強調。

CV. 山村響さんに聞きました

パワーをもらえるキュアトゥインクルのコトバ

“大した夢だよ！
天ノ川きららの夢は、
この星空みたいに
キラキラ輝いてるんだから”

自分の夢を恥ずかしがらず、自信を持って言えることは素晴らしいと思います。

キュアトゥインクルのファッションここがスキ！

大きなツインおだんご。変身バンクでポイン！　ポイン！と出てくるところが大好きです。

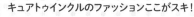

キュアスカーレット

スカーレットは、敵だったキャラクターの洗脳が解けて仲間になるというスペシャルなキャラクター。「主人公を食うくらいの強いキャラクター」を目指し、他の3人からは浮くようなデザインを心がけた。

Fashion Point

ディテールに王族らしいこだわり！

後から変身する特別感や王族らしいパーツを入れたくて、王冠をはじめ、チョーカーなどの装飾もプラスした。ファーをつけたのも特別感を出すため。

前髪の色と後ろ髪の色をチェンジ！

もともとはメッシュを入れる案もあったが、どこに入れても落ち着かず、結局前髪と後ろ髪を違う色に。頭頂部からのグラデーションでなじませている。

上半身のボリュームが差別化ポイント

炎と不死鳥のイメージで、肩まわりにはファー、袖もヒラヒラとさせている。上半身をゴージャスにすることで「本物のプリンセス」を演出している。

プリンセスらしい縦ロールを採用！

ヘアスタイルはかなり難航した。最初から前髪はセンターで分けるつもりだったが、後ろ髪をどうするか。最後はお姫さまらしい縦ロールを使うことで着地。

スカートは左右アシンメトリー

西洋風のフローラに対し、スカーレットは着物やサリーのような、東洋風のディテールを。裾や袖のラインは1本だったが、もの足りなくなり調整した。

Side Back

モードエレガント
フェニックス

CV. 沢城みゆきさんに聞きました

パワーをもらえるキュアスカーレットのコトバ

“お覚悟決めなさいっ”

他の3人が「お覚悟はよろしくて」なのに対し、「お覚悟決めなさいっ」ときりりと言い放つ決め台詞は、自身の身も引き締まる大好きな変身シーンです。

キュアスカーレットのファッションここがスキ！

スカーレットの時のぐるぐるデザインのブーツも気に入っていますが、実はトワイライトの時の仮面姿もとても気に入っています。

プリキュア・
プリンセスエンゲージ！
深紅の炎のプリンセス！
キュアスカーレット

トワが変身する炎のプリキュア。絶望の魔女ディスピアにより心の迷いにつけこまれたトワが、フローラの言葉によって失敗を乗り越えようと強く思ったとき、プリキュアになる。「羽ばたけ！　炎の翼！　プリキュア・フェニックス・ブレイズ！」と決め技を放つ。

トワイライト

紅《あか》城《ぎ》トワ

ホープキングダムのプリンセス。「トワイライト」として生きていたが、プリキュアたちのおかげで元の姿になる。バイオリンを弾くことが好き。

Column 8

仲間たち図鑑①

仲間たちの服にもその時代の空気が反映されている。主人公の学校の先輩や同級生も多く、制服のデザインもさまざま。

ふたりはプリキュア
Splash☆Star
美翔和也
⬅清海高校2年生。
舞のお兄さん。

ハートキャッチプリキュア!
謎の青年
⬆正体は妖精のコッペ。

ふたりはプリキュア
Max Heart
藤村省吾
➡ベローネ学院
男子高等部1年生。
サッカー部員。

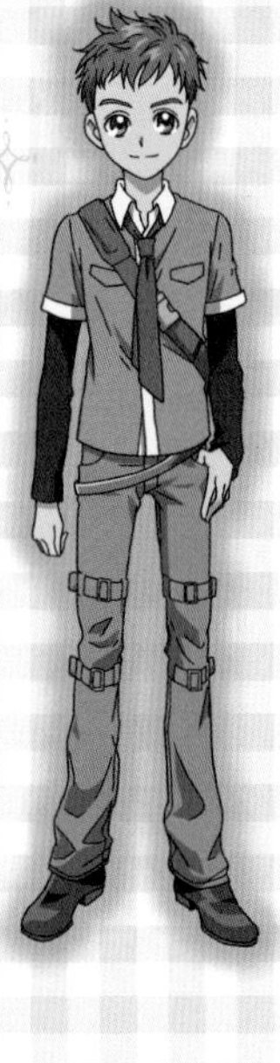

Yes! プリキュア5
Go Go!
小々田コージ
⬆(左)パルミエ王国の
王子、ココの人間の姿。

ナッツ
⬆(右)パルミエ王国の
王子、ナッツの人間の姿。

甘井シロー
⬅運び屋の少年。
妖精シロップ。

フレッシュ
プリキュア!
知念大輔
⬆四つ葉中学校2年生。
ラブのクラスメイト。

スイートプリキュア♪
王子正宗
➡音楽王子隊のリーダー。

2016-2017

魔法つかいプリキュア！

キャラクターデザイン：宮本 絵美子

津成木第一中学校に通う朝日奈みらいは、春休みのある夜、
空から謎の物体が近くの公園に降ってくるところを目撃。
翌朝、クマのぬいぐるみ「モフルン」を連れて公園へ向かうと、
その物体とは魔法つかいの女の子リコだった。
みらいとリコ、モフルンが手をつなぎ、魔法の言葉を唱えると、伝説の魔法つかい「プリキュア」が誕生。
こうしてみらいとリコは、世界侵略を企てる闇の魔法つかいドクロクシーと対峙することになる。

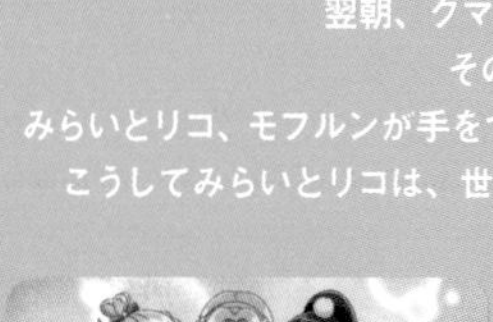

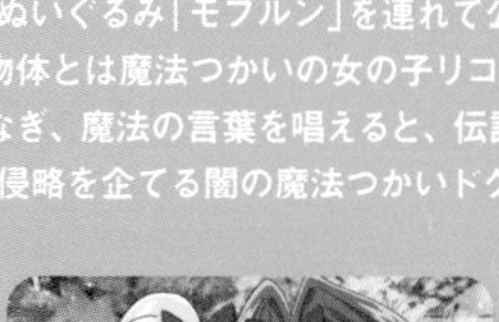

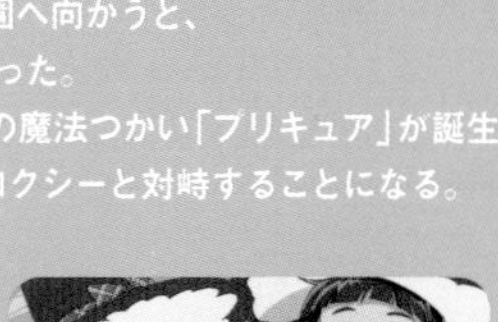

キュアミラクル

シリーズ初「魔法」がテーマの作品。中学生の朝日奈みらいが変身するキュアミラクルと、魔法界から来たリコが変身するキュアマジカルは「対比」がデザインテーマ。双子っぽさを意識している。

ハットモチーフは魔法つかいの象徴

魔法つかいのハットモチーフは、リンクルストーンで変身する全スタイルで使用。小ぶりのハットをジュエルで飾り、ヘッドアクセサリーにしたのが新鮮！

浮いているようなアクセサリー

不思議な雰囲気を出すため、ブレスレットや飾りは宙に浮いているようなデザイン。実は魔法の力がなくなると消えてしまうという設定だった。

広がるふんわり感

ミラクルとマジカルのデザインは同時進行。直線的なマジカルに対し、ミラクルはドレスも髪もふんわり。髪型はハーフアップ。

天使っぽさが残るブーツのはき口

マジカルとの対比では「天使と悪魔」案もあり、天使っぽさがブーツのはき口に残っている。ミラクルにマントがないのも、対比させた点のひとつ。

魔法というテーマで新しい特色が生まれた

今までのプリキュアと異なる特色を追求した本作。キャラ数は少ないものの、他のスタイルがあったので、バラエティに富んだ華やかな見た目に。

トパーズスタイル　サファイアスタイル　ルビースタイル

CV. 高橋李依さんに聞きました

パワーをもらえるキュアミラクルのコトバ

“キュアップ・ラパパ！
みんなに、会いたい！”

素直な言葉は力になって、奇跡を起こすんだと教えてもらいました。

キュアミラクルのファッションここがスキ！

全てがキュアマジカルと対になっているところ。ミラクルは曲線的で、マジカルは直線的。どのパーツも、2人合わせて見ることでより素敵なんです。

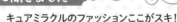

魔法《まほう》つかいプリキュア!

MAHO GIRLS PRECURE!

キュアップ・ラパパ!
ミラクル・マジカル・ジュエリーレ!
ふたりの奇跡、
キュアミラクル!

みらいが変身するプリキュア。空から降ってきた魔法つかいの女の子リコと出会い、リコの探し物を手伝おうとする。そこへ怪しい男バッティが現れ、怪物ヨクバールに襲われる。ピンチになったみらいのペンダントが輝き、プリキュアになる。みらいが大切にしている、くまのぬいぐるみのモフルンがしゃべれるようになって大喜び!

朝日奈《あさひな》みらい

魔法学校の制服

津成木第一中学校に通う、もうすぐ２年生になる13歳。不思議なことやおもしろいことが好きで、好奇心旺盛。後に魔法学校に通うことになる。口癖は「ワクワクもんだぁ！」。

魔法《まほう》つかいプリキュア！
MAHO GIRLS PRECURE!

キュアップ・ラパパ！
ミラクル・マジカル・ジュエリーレ！

ふたりの魔法、キュアマジカル！

リコが変身するプリキュア。魔法学校の補習を逃れるために「リンクルストーン・エメラルド」を探していると、みらいと出会う。そこでバッティに呼び出された怪物ヨクバールに襲われピンチに陥ったとき、リコのペンダントが輝き、みらいとともにプリキュアになる。

十六夜《いざよい》リコ

魔法学校の制服

魔法学校に通う女の子。勉強は得意だが、魔法は苦手。目標は立派な魔法つかいになること。強い力を秘めた宝石を探しにナシマホウカイ（人間界）に来た。口癖は「計算どおりだから」。

キュアマジカル

ミラクルとの「対比」を念頭に、クールな雰囲気、直線的なラインや小悪魔感などを盛り込んでいる。マントや服の裾がひらひらするのも、小悪魔風の惑わせポイント！

ヘアカットも直線的！シャープさをベースに

羽を広げたコウモリを思わせる髪型は、天使と悪魔の対比の発想から生み出された。前髪や横髪の直線的なカットも、ミラクルのふんわりヘアと対照的！

ブーツの切り込みもシャープなVカット

ブーツの切り込みやロンググローブのカットなどにも直線的なラインを多用。ブーツのシルエットも細身で、ここにもミラクルとの対比が。

肩出しのデザインでお姉さんっぽさを強調

シースルー素材のスタンド襟はミラクルと似ているが、マジカルはオフショルダーやホルターネックでよりお姉さんっぽく差別化。ブレスレットはお揃い。

ひらひらと揺れる裾で相手を惑わせる！

マントやスカートには深く切り込みを入れ、動くたびにひらひらと揺れるようデザイン。惑わせたり、術をかけるのが得意な魔女っぽさ満点のディテール。

小さい子が見ても可愛いと思えるものを

過去デザインを参照しつつも、今の子どもたちが素直に可愛いと思えるものを目指した。

トパーズスタイル　サファイアスタイル　ルビースタイル

CV. 堀江由衣さんに聞きました

パワーをもらえるキュアマジカルのコトバ

“キュアップ・ラパパ！”

やっぱりまほプリは「キュアップ・ラパパ！」でしょうか？魔法を使う時の呪文なのですが、それ以外にも決意した時や気合を入れる時にも使っていた気がします。

キュアマジカルのファッションここがスキ！

テレビシリーズでは、いろんな服を着ているリコちゃんが見られてとても新鮮で嬉しかったのを覚えていますが、一番好きだったのは海に遊びに行く回の水着です♪　普段の髪型も可愛かったのですが、その時は普段と違って新鮮でした！アニメのキャラクターの髪型が変わるのはレアで楽しいです！

キュアフェリーチェ

フェリーチェは、ミラクルとマジカルのデザイン決定後から着手したが、妖精という立場や存在の特異さから、前のふたりとはまったく異なるアプローチを行った。

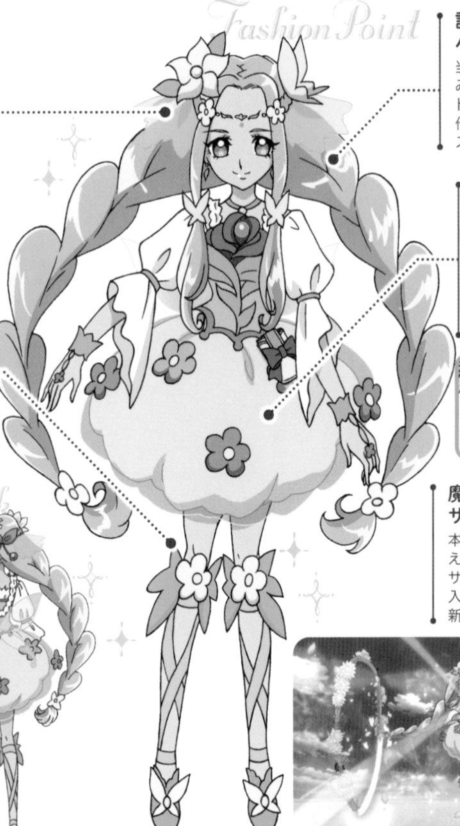

女神っぽさを叶えるショートベール

最終的には女神のようになるキャラクターなので、頭をぐるりと囲む花冠にはショートベールをつけ神々しさを演出。目の中には花モチーフも入っている。

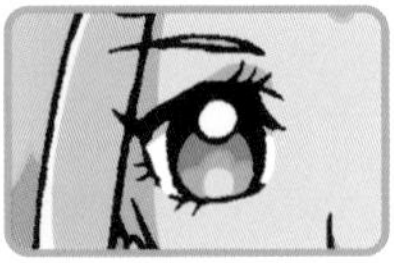

編み上げサンダルで魔法つかいと差別化

足元はサンダルで、ブーツの魔法つかいとの違いを明確に。フェリーチェは貴金属的なアクセサリーはせず、ナチュラルで柔らかな雰囲気が特徴。

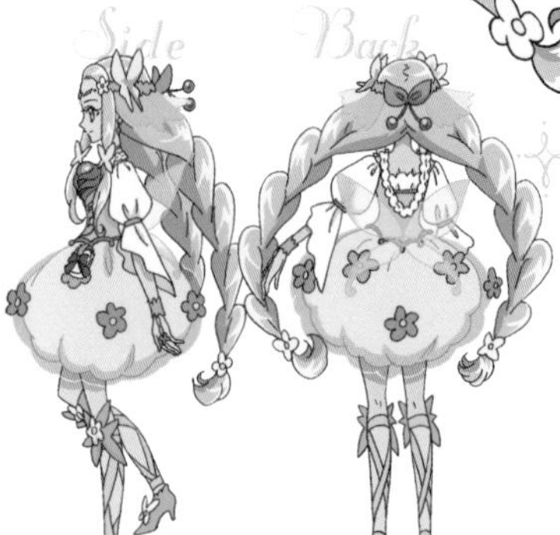

誰ともかぶらない！ハート形の三つ編み

当時流行っていたゆる三つ編みなどもヒントにし、大きなハート形の三つ編みヘアが完成。他のふたりと違う、おでこ出しスタイルもポイント。

妖精感たっぷりのシースルースカート

スカートイメージはスポンサーから相談があったものだが、そのふんわり感をアニメでどう表現するかが課題に。試行錯誤の末、現在のデザインに着地。

魔法で守られているからサンダルにも挑戦できた

本作は魔法で守られていると考え、ガードっぽいパーツは少なめ。サンダルやパンプスなどを取り入れられたのも、「魔法」という新しいテーマがあったからこそ。

CV.早見沙織さんに聞きました

パワーをもらえるキュアフェリーチェのコトバ

“はぁーーーっ!!”

ということはの口癖。嬉しい時もやる気を出したい時も使える万能なセリフです。

キュアフェリーチェのファッションここがスキ！

胸元のお花のデザイン！ あとはスカートのエアリー感。とにかくお花がいっぱいで最高です。

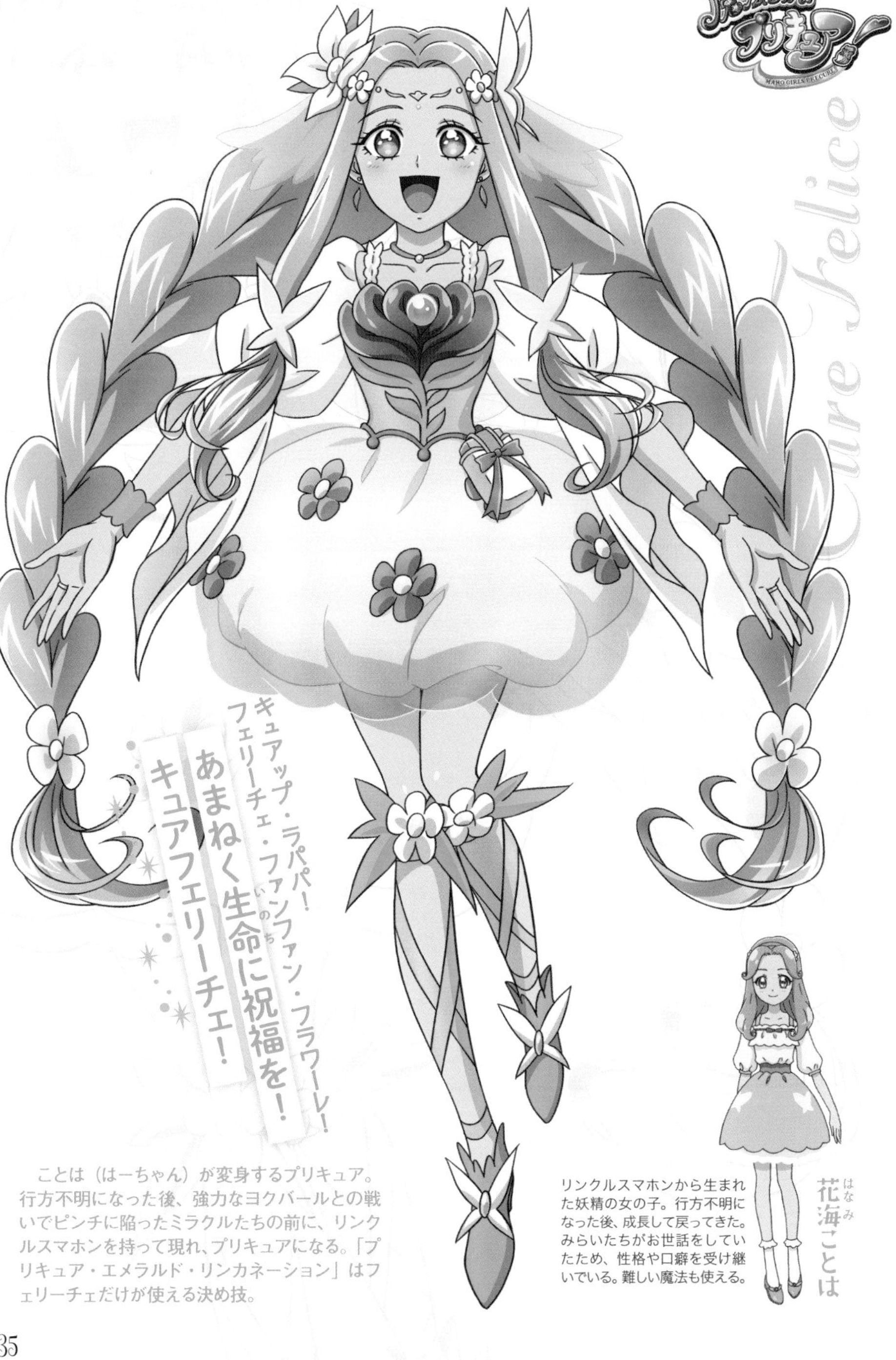

キュアップ・ラパパ!
フェリーチェ・ファンファン・フラワーレ!
あまねく生命《いのち》に祝福を!
キュアフェリーチェ!

ことは（はーちゃん）が変身するプリキュア。行方不明になった後、強力なヨクバールとの戦いでピンチに陥ったミラクルたちの前に、リンクルスマホンを持って現れ、プリキュアになる。「プリキュア・エメラルド・リンカネーション」はフェリーチェだけが使える決め技。

花海《はなみ》ことは

リンクルスマホンから生まれた妖精の女の子。行方不明になった後、成長して戻ってきた。みらいたちがお世話をしていたため、性格や口癖を受け継いでいる。難しい魔法も使える。

Column 9

仲間たち図鑑②

プリキュアを温かく見守り、ともに戦い、ときには憧れの存在でもあるプリキュアの仲間たちは、プリキュアシリーズの見どころのひとつ！

Ｇｏ！プリンセスプリキュア

カナタ王子

⬅ホープキングダムの王子様。

ドキドキ！プリキュア

ジョー（ジョナサン・クロンダイク）

⬅トランプ王国の戦士。

魔法つかいプリキュア！

校長

➡魔法学校の校長で、偉大な魔法つかい。

キラキラ☆プリキュアアラモード

ピカリオ

⬇キラリンの弟。人間の姿。

相楽誠司

⬆めぐみの幼なじみ。

ハピネスチャージプリキュア！

ブルー

⬆地球の精霊。

スマイルプリキュア！

ポップ

⬅メルヘンランドの妖精、ポップが人間に変身した姿。

2017-2018

キラキラ☆プリキュアアラモード

キャラクターデザイン：井野真理恵

スイーツ大好きな中学２年生の宇佐美いちかは、ある日、空から降ってきた妖精ペコリンと出会う。
すると街には不思議な事件が起こり、犯人はスイーツに宿る「キラキラル」を抜き取って、
スイーツを真っ黒に変えてしまう。いちかが母親のためにうさぎショートケーキを完成させると、
伝説のパティシエ・プリキュアへと姿を変える。
プリキュアたちがみんなの「大好き」を守るために立ち上がる。

いちかが変身するプリキュア。母親のために作ったケーキを食べてもらえないと諦めていたが、ペコリンの言葉で考えを改めると、いちかはキラキラルの光に包まれる。「うさぎショートケーキ」を完成させると、プリキュアになる。決め技は「ホイップ・デコレーション」。

キュアアラモード・デコレーション！
ショートケーキ！
元気と笑顔を！
レッツ・ラ・まぜまぜ！
キュアホイップ！
できあがり！

Cure Whip

宇《う》佐《さ》美《み》いちか

キラキラパティスリーの制服

いちご坂中学校に通う、中学2年生。明るい性格でお調子者。スイーツが大好きでやる気はあるが、作るのは苦手。でもスイーツにデコレーションするのは得意。口癖は「キラっとひらめいた！」。

キュアホイップ

「動物とスイーツ」をテーマにした作品。母への想いを込めたケーキを守ろうとして、宇佐美いちかが変身するのがキュアホイップ。最初にイメージが固まったキャラクターであり、全身のシルエットもほぼ初案のまま。

Fashion Point

耳が片方折れているのも可愛いポイント！

キュアホイップのうさぎの特性は、大きな耳のカチューシャとアニマルトウブーツで表現。ローヒールブーツなら、得意の大ジャンプも繰り出しやすい。

スカートのデザインにスイーツモチーフを

シルエットは決まっていたものの、スカートのディテールが決まるまでに時間がかかった。最終的にはケーキの断面をグラフィカルにデザイン。

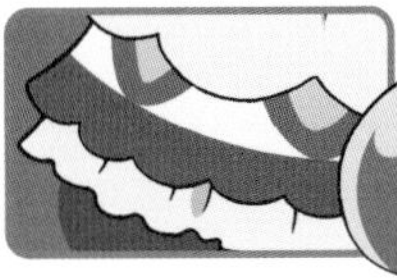

特性と個性をどう表現していくか

動物とスイーツ、2つのテーマとキャラクターの個性を結びつけて表現するのがやや難しかった。反対に、テーマに助けられ幅が広がった部分もあった。

頭にはスイーツ！わかりやすさを第一に

小さい子から見てもなんのプリキュアなのかが一目でわかるよう心がけた。キュアホイップは大きなイチゴをのせたショートケーキが目印。

ホイップクリームみたいなふんわり袖♡

ホイップクリームやイチゴをたっぷり使ってショートケーキを作りながら変身するので、袖やスカートもクリームのようなふんわり感を意識。

Side Back

CV. 美山加恋さんに聞きました

パワーをもらえるキュアホイップのコトバ

“大好きがあったからみんなと出会えた。
それぞれ違う大好きがあるからこそ、
未来に向かって歩いていける。
自分だけの大好きがなくなったらそれはもう
私たちじゃない”

まさに今までの全てを表したセリフです。プリアラを観てくれていた子も、なにかを大好きになることを大切にしてほしい！

キュアホイップのファッションここがスキ！

ボリューミーな髪の毛かなー。2017年の春映画の時には、最後の決め技がホイップの髪の毛だったくらい、存在感がすごい！　オールスターズのポスターでも一番面積をとってる気が……（笑）。

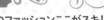

キュアカスタード

有栖川ひまりが変身する、りすとプリンの特性を持つプリキュア。耳のカチューシャやしっぽは、原案ではやや小さめだったが、動物の特性を出すにあたり、修正を重ねてどんどん大きく変わっていった。

Fashion Point

りすの特徴であるしっぽは大きく！

りすの大きなしっぽは、小柄なキュアカスタードではいっそう強調される。アニマル要素は足先にもしっかり反映。キュアカスタードの靴はサンダル型。

技でも使われるさくらんぼモチーフ

キュアカスタードの技でも使われるさくらんぼを、チョーカーやイヤリングのパーツとして使用。プリンを彩る真っ赤なさくらんぼが、コスチュームでも絶妙なアクセントになっている。

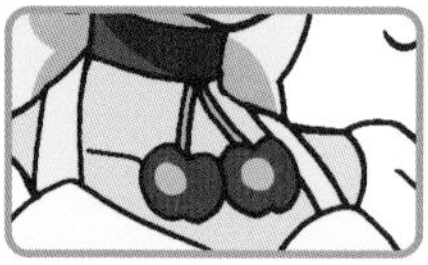

サイド結びのポニーはりすのしっぽから発想

高い位置で結んだボリューミーなポニーテールは、りすの大きなしっぽをイメージ。元気感のある髪型は、俊敏で小回りが利くキャラクター性にもマッチ。

スカート全体がプリンのデザイン！

スイーツモチーフを使うと決めたスカートはプリンをイメージした茶色と黄色のバイカラー。実際の服でも再現しやすい、ボックスプリーツのスカートに。

バラバラでいい、というのがテーマ

その子の個性や人格を、変身したときのスタイルに反映させる狙いがあった。スイーツのことなら何でも知っている有栖川ひまりは知性と勇気がテーマだった。

CV. 福原遥さんに聞きました

パワーをもらえるキュアカスタードのコトバ

“私らしく頑張ります”

自分らしく頑張ればいいんだ！　という勇気が届いたら嬉しいです！

キュアカスタードのファッションここがスキ！

りすのしっぽがとても可愛くて愛らしいのと、やっぱり大好きなプリンがついているのがポイントです！　ひまりらしい要素がはいっていてとても嬉しい。

キュアラモード・デコレーション！ プリン！
知性と勇気を！ レッツ・ラ・まぜまぜ！
キュアカスタード！
できあがり！

有栖川《ありすがわ》ひまり

キラキラパティスリーの制服

いちご坂中学校２年生。いちかと同じクラスに在籍。普段は臆病だが、スイーツの話になると止まらず、みんなから頼られる。口癖は「スイーツは科学です！」。

ひまりが変身する知性と勇気のプリキュア。いちかと一緒に作ったプリンを狙ってプルプルが出現。プリキュアに変身して頑張るいちかを助けたいとひまりが思うと、「りすプリン」のキラキラルの力でプリキュアになる。「カスタード・イリュージョン」で、黄色のクリームエネルギーを敵に放つ。

キュアラモード・デコレーション！
自由と情熱を！　レッツ・ラ・まぜまぜ！　アイス！
キュアジェラート！
できあがり！

Cure Gelato

　あおいが変身するプリキュア。いちかとひまりが作ったアイスを食べてコンテストで発表する歌詞を思いつくが、そのアイスを狙ってホットーが出現。いちかたちがプリキュアになって戦う姿を見て空に吠えると、「らいおんアイス」のキラキラルが反応してプリキュアに変身。決め技は「ジェラート・シェイク」。

キラキラパティスリーの制服

立神《たてがみ》あおい

いちご坂中学校２年生。情熱的で気が強く、自由奔放な性格。歌が好きでロックバンド「ワイルドアジュール」のボーカルを担当。口癖は「燃えてきた――！」。

キュアジェラート

バンド活動をする立神あおいが変身する、情熱的で勇敢なキュアジェラート。ライオンとアイスがテーマだが、「みんながイメージするアイス」をどう表現するかに悩んだ。実はお嬢様育ちで女の子らしいところも裏テーマ。

Fashion Point

ちょっとハードな革ジャン風

私服では革ジャンを愛用しているバンドガールなので、上半身はレザージャケットでハードな雰囲気を残した。雪っぽい白のモコモコでボリュームアップ。

丸いアイスクリームをそのままスカートに！

「みんなが考えるアイス」を突き詰めた結果、スカートは丸くふくらんだバルーン型に。元気だけど女の子らしいキャラクターに合うようフリルも加えた。

右側だけをあげるニーハイソックス

変身前のファッションの好みも反映したくて、ソックスは右側だけをあげたスタイルに。ブーツも少し男の子っぽいものにして、ロック好きらしく。

ボリュームヘアはライオンのたてがみ風

ヘアスタイルはライオンのたてがみをイメージ。アラモードスタイルになるとさらにボリュームアップする。百獣の王なので小さな王冠をアクセサリーに。

実はお嬢様という設定は決まっていた

ロックが好きで情熱的だけれど、実はお嬢様でもある……という個性をどう表現しようか悩んだ。髪型を女の子っぽくしたり、フリルを足したりした。

Side　Back

CV. 村中知さんに聞きました

パワーをもらえるキュアジェラートのコトバ

うおおおー
燃えてきた――！！！

ですかね。テンション上がるし個性が出てるセリフなので。

キュアジェラートのファッションここがスキ！

八重歯。ライオンらしさもあるし、彼女のニシシと笑うような性格が表れてると思うので。変身バンクで大きなお口が見えるので是非。

キュアマカロン

登場するプリキュアの数が多い作品では、「違いや個性をどう出すか」も悩みどころ。キュアマカロンは年齢も少し上で、よりお姉さんらしく、子どもたちに憧れてもらえるようなキャラクターを目指した。

チョーカーのリボンはまるでねこのしっぽ！

キュアマカロンの特性はねこ。首元で結ぶ大きなリボンがいかにもねこっぽいのと、垂れ下がるリボンもしっぽのように気まぐれに揺れ、優雅なイメージ。

バルーンスカートでマカロンの丸みを表現

バルーンデザインは後から決まったが、俊敏なねこには最初からミニボトムの構想はあった。色の切り替えやドレープでクリームやソースまで美しく表現。

憧れの存在になることも目的！

気まぐれだがさびしがりやの琴爪ゆかりが変身するのがキュアマカロン。子どもたちにも、お姉さんっぽいマカロンの魅力が受け入れられ、目的が果たせた。

上品な肌見せもキュアマカロンならでは

パフスリーブはキュアホイップと似ているが、デコルテが広めに開いた胸元のデザインや、上品で大人っぽいロンググローブで上半身の印象を変えている。

ヒールやアンクレットでほんのり大人に

相手を翻弄するのが得意なプリキュアなので、大人っぽくて女性らしいディテールをプラス。ピンヒールのニーハイブーツやアンクレットがキーアイテムに。

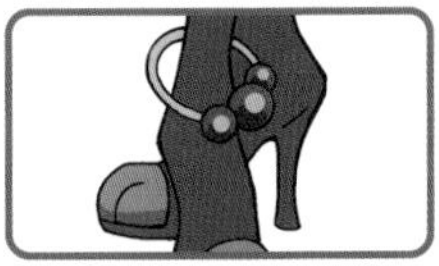

CV. 藤田咲さんに聞きました

パワーをもらえるキュアマカロンのコトバ

“ 型をどれだけマネようと、大切なのは心よ ”

プリキュアに憧れる皆に伝えたい、ゆかりが見つけた想いの全てだと思います。

キュアマカロンのファッションここがスキ！

何1つ欠けても琴爪ゆかりではなくなるその存在感。弱ささえ好きといえる子ども時代のゆかりを抱きしめたシーンが大好きです！

Cure Macaron

キュアラモード・デコレーション！ マカロン！
美しさとトキメキを！ レッツ・ラ・まぜまぜ！
キュアマカロン！
できあがり！

ゆかりが変身するプリキュア。いちかが作った「ねこマカロン」を狙って、マキャロンヌが出現。マカロンを守るためにプリキュアに変身したいちかたちをゆかりが守ろうとしたとき、プリキュアになる。「マカロン・ジュリエンヌ」でマカロン形のクリームエネルギーを飛ばす。

キラキラパティスリーの制服

琴爪《ことづめ》ゆかり

街で噂の美人な高校2年生。いちご野高校に通う。上品で気まぐれな性格。いちかにマカロン作りに誘われて簡単に完成させるなど、手先も器用。口癖は「面白いわ」。

あきらが変身するプリキュア。妹のために用意したチョコをビタードに奪われて落ち込んでいると、いちかから「いぬチョコレート」をもらう。再びビタードが現れると、いちかを守るためにプリキュアになる。「ショコラ・アロマーゼ」が決め技。

キュアラモード・デコレーション！　チョコレート！
強さと愛を！　レッツ・ラ・まぜまぜ！
キュアショコラ！
できあがり！

キラキラパティスリーの制服

剣城《けんじょう》あきら

いちご野高校2年生。面倒見が良く、周りから頼りにされる存在。離れて暮らす病弱な妹・みくのためにチョコレートを贈っている。口癖は「よしよし」。

キュアショコラ

ボーイッシュな女の子、剣城あきらが変身するキュアショコラは犬とチョコレートがテーマ。「みんながイメージするチョコ」の表現に苦労しつつも、冒険していいキャラクターとして、新アプローチに挑戦。

Fashion Point

犬の特性はワイルドなディテールに！

キュアショコラの変身アニマルは犬。最初はオオカミだったので、ブーツのはき口や襟元にフサフサしたワイルドな名残がある。大型犬のイメージ。

くびれを強調して女性らしいフォルムに

キュアショコラは男の子ではないので、チュニックはベルトで締めてくびれを強調。ボディのメリハリやニーハイソックスで女性らしさを出している。

あまりなじみのない茶色の使い方に苦戦

チョコの茶色は、みんながすごく好きな色というわけではないので使い方に苦労した。イメージカラーの赤との組み合わせで気品やかっこよさを表現できた。

袖部分は王子様の衣装をイメージ

チョコらしさは、形よりも色の組み合わせで見せようと考え、お菓子のパッケージ風ストライプを袖に。王子様らしいボリュームやカフスで上品ムードに。

プリキュアの伝統を破る光沢レザーパンツ

キュアショコラは冒険枠だったので、プリキュアの伝統的なレギンスでなく、チョコっぽいテカリのハイライトを入れたレザーパンツで個性を出している。

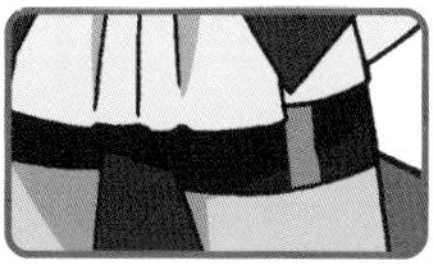

Side Back

CV. 森なな子さんに聞きました

パワーをもらえるキュアショコラのコトバ

“私は絶対に、
誰も犠牲にしない！”

30話でのセリフです。こんな人がそばに居てくれたら良いですよね。私もこんな強さを持てたらと、憧れすら感じます。

キュアショコラのファッションここがスキ！

ハットがお気に入りです。変身バンクで、つばを指でなぞるところは拘りを感じましたし、懐かしい気持ちにもなりました。ここで申し上げておきますが、私、ショコラの変身バンクが大好きなのです。

キュアパルフェ

他の５人のプリキュアが決まってからデザイン。ペガサスとパフェがテーマのキュアパルフェは、プリキュアに憧れる妖精キラリン（キラ星シエル）が変身した姿。イメージカラーの虹色をどこに使うかもかなり迷った。

Fashion Point

顔まわりには フルーツのモチーフ

変身の途中にも次々と登場する、オレンジやメロン、パイナップルなどのカラフルなフルーツを、アクセサリーのように上半身にデコレート。

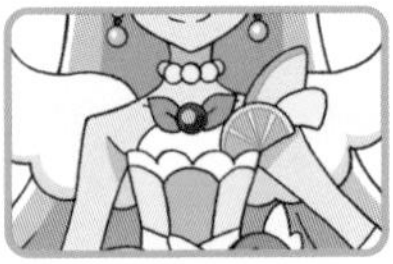

「もっとカラフルに」と追求した

パフェだと一目でわかるようなデザインに悩んだ。赤だとイチゴパフェだと限定されてしまうので、フルーツパフェに近づけようと虹色を様々なフルーツに見立てた。

最初の案で決まらず 何度も作り直し

最も悩んだキャラクターで、２度、３度と作り直した。配色で印象が激変する、スカートのひだの枚数と色の順番を決めるのにもかなりの時間がかかった。

パフェの器を逆さまにしてワンピースに！

絶対に使おうと思ったのがパフェの器。水色のワンピースをガラスの器に見立て、そこからカラフルなフルーツやクリームがあふれ出ているイメージに。

ペガサスのひづめを 彷彿とさせる厚底ブーツ

空を飛べるキュアパルフェには、ペガサスの羽やしっぽ、ひづめを思わせるような厚底ブーツが。今までの流れで動物パーツの入れ方はすんなり決定。

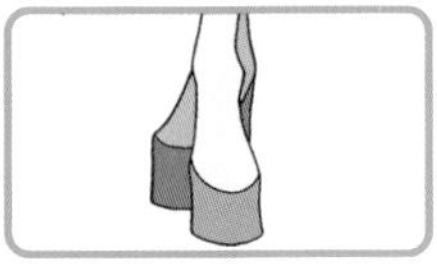

Side　Back

CV. 水瀬いのりさんに聞きました

パワーをもらえるキュアパルフェのコトバ

“夢と希望を！
レッツ・ラ・まぜまぜ！”

大好きな掛け声です！　夢と希望、年齢を問わずまぜまぜし続けていきたいと思います！

キュアパルフェのファッションここがスキ！

目の中がキラキラ！　あとは技の最後に発する、「ボナペティ☆」ですね！　あの個性は誰にもないと思います！

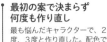

キュアラモード・デコレーション！ パフェ！
夢と希望を！ レッツ・ラ・まぜまぜ！

Cure Parfait

シエルが変身するプリキュア。弟のピカリオを追いつめたと知り、絶望していたシエル。ピカリオが心を込めて思い出のワッフルを作って生み出したキラキラルで希望を取り戻し、キラキラルでスイーツを作り、プリキュアになる。「キラクル・レインボー」が決め技。

キラキラパティスリーの制服

キラ星《ほし》シエル

フランスからやってきた有名な天才パティシエ。その腕前に感動したいちかが弟子入りを申し出るほど。その正体は妖精のキラリン。口癖は「トレビアン！」。

Column 10

仲間たち図鑑③

プリキュアを近くで支え、ともに成長する仲間たち。キャラクターの個性が光り、ストーリーを盛り上げる！

HUGっと！プリキュア

若宮アンリ

⬅ほまれの友だちのフィギュアスケート選手。はなたちの応援で前向きな気持ちを取り戻し、一時的に「キュアアンフィニ」に変身した。

HUGっと！プリキュア

ハリハム・ハリー

➡未来からやってきたハムスター。人間の姿。

デリシャスパーティ♡プリキュア

品田拓海／ブラックペッパー

⬅ゆいの幼なじみ。しんせん中学校３年生。

⬅拓海がデリシャストーンを使って変身した姿。

ひろがるスカイ！プリキュア

シャララ隊長

⬇スカイランドを守る〝青の護衛隊〟の隊長。

デリシャスパーティ♡プリキュア

ローズマリー

➡クッキングダムからやってきた〝クックファイター〟。

2018-2019

HUGっと！プリキュア

キャラクターデザイン：川村敏江

超イケてるお姉さんになりたいと思う13歳の野乃はなは、
転校初日から前髪は切りすぎ、遅刻するなど大騒ぎ。
その夜、はなのもとに空から不思議な赤ちゃん、はぐたんが降ってくると、
クライアス社という悪の組織が現れる。「はぐたんを守りたい！」というはなの気持ちで、
はなは元気のプリキュア、キュアエールに変身。
なんでもできる！　なんでもなれる！　輝く未来のために、はなは全力で頑張る。

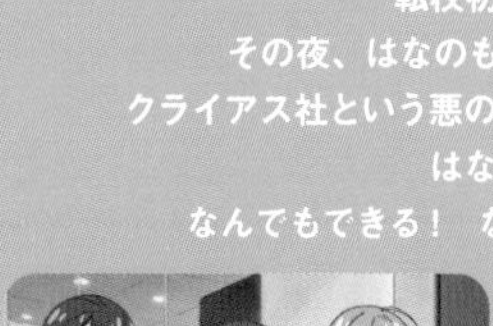

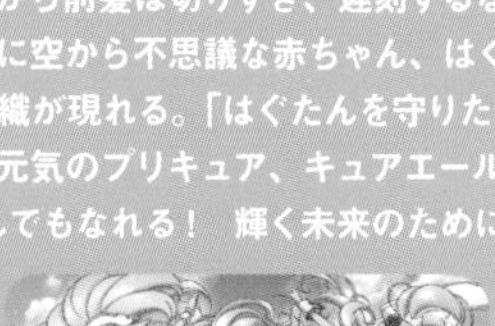

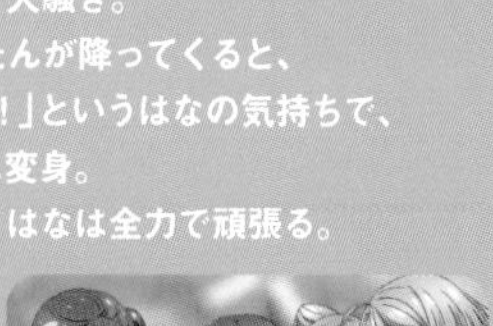

キュアエール

各キャラクターの性格設定が事前にしっかりあり、ある程度先までのストーリー展開が見えていたためデザインはスムーズに決定。エールは、「前髪を失敗して切りすぎたけれども可愛く見える」がテーマ！

Fashion Point

まつげはペーパーアイラッシュを参考に

これまでと違うアプローチを考え、ペーパーアイラッシュのディテールを大きめにして採用。最初は悪目立ちしたが、色素を薄くすることで軽さを出した。

苦肉の策としてポンポンを多用！

カフスやソックスなど、今まで共通だった部分にも変化を。悩んだ末、チアのポンポンをつけることに。クローバーイヤリングは職業体験の花屋からの発想で。

Side Back

斜めパッツンはエールの最大の特徴！

最初に決まっていた「切りすぎた前髪」を守りつつ、他の部分は自由に。おだんごにリボンを巻きつけ、たくさんの花で飾るアイデアが新鮮で個性的！

チアガール風のへそ出しスタイル

へそ出しコスチュームやスニーカーはチアガールから発想される元気さやスポーティさをイメージ。腕のシースルーパーツも軽やかなポイントに。

ほぼ最初のデザインが採用になった

エールのコスチュームはチャイナっぽい雰囲気もあるが、意図的なものではない。健康的な露出はあってもいいと考え、へそ出しにしている。

CV. 引坂理絵さんに聞きました

パワーをもらえるキュアエールのコトバ

“めちょっく（変顔）”

めちょっく＝めっちゃショックの略で、ポジティブな言葉ではありませんが、めちょっくって言うときは、変顔かつギャグ的な場面になるので、言った後に何故か元気になるというか……。今見ている子供たちとも一緒に変顔しながら笑顔で言いたいです（笑）。

キュアエールのファッションここがスキ！

靴が好きです。私自身も普段からスニーカーを愛用していて、あんなに可愛いピンクの靴なら欲しいです！ 作品の中でも、エールが飛んだりキックしたりと、あの靴が実際にあれば、テンションも上がって元気いっぱい過ごせそうだなと思います（笑）。

中学２年生の野乃はなが変身する、元気のプリキュア。ある日、空から降ってきた赤ちゃん、はぐたんと出会い、はぐたんを守りたいと強く願い、プリハートとミライクリスタルを使って「めっちゃイケてる」プリキュアに変身した。「フレフレ！みんな！いっくよー！」

ミライクリスタル！ ハート、キラっと！
みんなを応援！
元気のプリキュア！
キュアエール！

Cure Yell

野《の》乃《の》はな

ラヴェニール学園に転校してきた13歳の女の子。超イケてる大人のお姉さんに憧れ、好奇心旺盛。なんでも頑張ってチャレンジしようとする。ことりという名前の妹がいる。

HUGっと！プリキュア
HUGTTO! PRECURE

中学２年生の薬師寺さあやが変身する、知恵のプリキュア。母親が女優である家庭に育ち、同じ道を目指していたが、自分が本当にやりたいことに迷っていた。もっと強くなりたいと願い、プリハートとミライクリスタルを使って、みんなをいやすプリキュアに変身した。

ミライクリスタル！ ハート、キラっと！
みんなをいやす！
知恵のプリキュア！
キュアアンジュ！

Cure Ange

薬師寺《やくしじ》さあや

ラヴェニール学園に通い、学級委員長を務める。成績優秀で容姿端麗、みんなに優しいことから「天使」と呼ばれている。幼い頃は人気子役としてCMなどに出演していた。

キュアアンジュ

アンジュとエトワールは試行錯誤したキャラクター。アンジュはイメージカラーのブルーをベースに、「無償の愛」からの発想で、聖母マリアやナイチンゲールをイメージ。過去のキャラクターに似ないよう苦心した。

Fashion Point

アイラインの真ん中はカラーが違う！

アイラインの真ん中を薄いカラーにして、目元の軽さと立体感を狙っている。性格と目の形は逆にしており、優しいアンジュはあえてつり目に。

ドレスは聖母マリアの絵画に着想を得た

ひだつきで後ろが長いスカートは、聖母マリアの絵画でよく見る衣装を参考に。流行のフィッシュテールを取り入れ、変形版は動きが出て楽しげに。

共通項を作るよりそれぞれを掘り下げた

今回はチームっぽくというより、バラバラの個性を出していくというコンセプト。そこで、共通部分より、個性を出すディテール作りに重きを置いた。

カチューシャはナース帽をアレンジ

髪飾りや袖のデザインに天使の羽のモチーフをアレンジ。アンジュのコスチュームも、流行のシースルー素材を袖部分に使用し、軽やかさを出している。

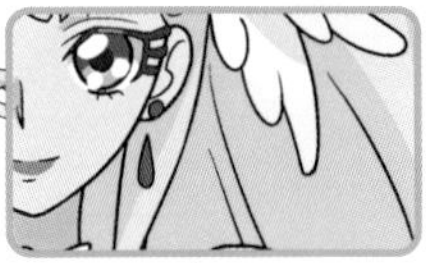

イヤリングは垂れるタイプに

エールは直接耳につけるタイプだが、アンジュは耳から垂れるタイプ。垂れるタイプは玩具として作りにくいなど懸案事項はありつつも、可愛さを優先。

CV. 本泉莉奈さんに聞きました

パワーをもらえるキュアアンジュのコトバ

天使の中には、強さもあるの！

「天使の中には、強さもあるの！」このセリフはいつも優しいアンジュから大好きな仲間を守りたい気持ちが溢れた、前へ進もうとする心と強さです。仲間がいることは本当に素敵なことだなと感じます。

キュアアンジュのファッションここがスキ！

私は変身バンクの流し目と太もものアップがとても好きなのですが、普段スカート長めなさあやの太ももが出るアンジュの服は最高だと思います。

キュアエトワール

キャビンアテンダントとフィギュアスケート選手という難しいテーマ。CA をデザインに落とし込むのに工夫を要した。バルーンスカートにマント、カフス、ヒールサンダルと、スタイリッシュで大人っぽいイメージ。

Fashion Point

星を散らしたキュートなサイドテール

初期はツインテールを考えていたが、可愛らしくなりすぎて変更。変身前よりカールを強くし、星の飾りでポップな印象に。ピアスも星形。

ミニスカートには太ももにアクセントを

バルーンスカートもスポンサーからの提案。やや短めなので、太ももにはガーターベルト風のアクセントを。背が高いので靴のソールは薄く、ヒールだけに。

Side Back

今どき感を取り入れた瞳の表現にも挑戦

歴代との違いを出すため、瞳の表現も変更。光彩を表す線をやめ、代わりに映り込みっぽい薄い色を瞳の下部に入れる、今どきな表現を採用。

マントは飛行機の翼のイメージ

首のスカーフやカフス、帽子のヘッドアクセでCAっぽさを出している。ペプラムトップスは玩具会社からの提案だが、裾を伸ばし二重スカート風にした。

ドレスの上半身はレースアップ案も

上半身はレースアップにする案もあったが、色をのせてみるときれいに見えなかったので、削ぎ落としていった。最後はシンプルで動きやすいデザインに。

CV. 小倉唯さんに聞きました

パワーをもらえるキュアエトワールのコトバ

“きゃわたん♥”

「きゃわたん」です。はぐプリ本編でもよく登場しますが、人に対して素直に褒めるのが恥ずかしい時などに、このきゃわたんを使えば気軽に相手のことを褒められると思うので、ぜひ活用して広めてください♪

キュアエトワールのファッションここがスキ!

ほまれの私服では、オフショルダーにフリルがついたデザインのトップスが大人っぽいけれど洗練された可愛さもあり素敵だなぁと思います。キュアエトワールの時には、脚に巻きついているガーターリングがセクシーでお気に入りです。

ミライクリスタル！　ハート、キラっと！

みんな輝け！

力のプリキュア！

キュアエトワール！

Cure Etoile

中学２年生の輝木ほまれが変身する、力のプリキュア。もともとはフィギュアスケートの選手だったが、ジャンプに失敗して以来、スケートから距離を置いていた。もう一度跳びたいと強く願い、ミライクリスタルを手に入れてプリキュアに変身。

輝木《かがやき》ほまれ

ラヴェニール学園に通う。おしゃれでスポーツ万能。クールな性格だが、可愛いものが好きではぐたんの仕草を見て「きゃわたん♥」とはしゃぐ一面も見せる。

HUG《はぐ》っと！プリキュア
HUGTTO! PRECURE

ミライクリスタル！
ハートキラっと！
みんな大好き！
愛のプリキュア！
キュアマシェリ！

Cure Macherie

小学６年生の愛崎えみるが変身する、愛のプリキュア。大好きなギターへの想いを受け入れてくれたルールーと２人でプリキュアになりたいと、お互いを想い合う気持ちが奇跡を起こし、1つだったプリハートが２つになり、ルールーと一緒に変身することができた。

愛崎《あいさき》えみる

はなの妹・ことりの同級生。ヒーローが大好きで、プリキュアへの憧れも強かった。絶対音感の持ち主で、歌うこととギターの演奏を得意とする。ルールーとは親友になる。

キュアマシェリ

マシェリとアムールはアイドルがモチーフ。双子コーデにしたいとの意図もあり、並んだときにシンメトリーになるようなデザインに。共通モチーフを使いながらも、それぞれの個性が際立つアプローチを模索した。

Fashion Point

ポップでリズミカルなツインテール

前髪ありのツインテールの毛束にくびれを作って、リズミカルなスタイルに。弾むようなフォルムとクルンと巻いた毛先が音符や音楽記号を連想させる!?

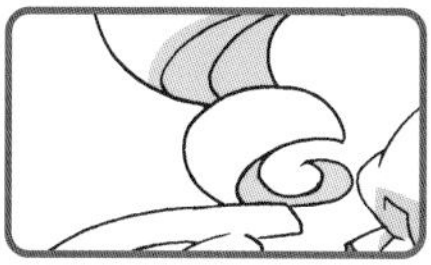

共通モチーフはリボン！あしらいで差別化

裾に縁取りがされたティアードスカートや、ウエストまわりのデザインはアムールと共通。マシェリはパフスリーブや大きなリボンで可愛らしさを強調。

後ろのスカートは3色のピンクを使用

後ろ側にしっぽのように垂れ下がったドレス生地は微妙に色が異なる3色のピンク。マシェリは逆三角シルエットだが、アムールは直線になっている。

ブーツは厚底でロリータ風に

ボリュームヘア＆デコラティブなドレスを受け止めるには、足元にも厚底ボリュームが必要。マシェリは白のニーハイソックスとの重ね技でおしゃれに。

初めはインカムをつける予定だった

アイドル設定だったので、片側にインカムをつける案も。その際はイヤーフックをつけようと思っていたが、子どもが引っ掛けるとの懸念から取りやめに。

Side Back

CV. 田村奈央さんに聞きました

パワーをもらえるキュアマシェリのコトバ

“ギュイーンとソウルがシャウトするのです”

「ギュイーンとソウルがシャウトするのです」(15話)　ギターをこよなく愛するえみるが言い放った情熱の言葉です。

キュアマシェリのファッションここがスキ！

マシェリとアムールの衣装がおそろいコーデという時点で素敵ですよね。是非アニメの変身バンクを見て確かめてくださいね！

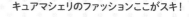

キュアアムール

「フリルがたくさんついたドレス」「頭にお揃いのリボンをつける」というのが最初に決まっていた設定。紫と赤は追加戦士にはおなじみのイメージカラーだが、バイカラー使いやフリルの多用で新鮮な雰囲気に。

Fashion Point

共通の頭のリボンはセンターをずらして

マシェリと共通アイテムのリボンは、真ん中ではなく、鏡に映したときのようにかたむけて、左右対称にした。リボンまでフリルをたっぷりつけて華やかに。

バックデザインは流行の〝くるりんぱ〟

アムールのヘアは、アップにした髪をまとめて結び目に通す、流行の〝くるりんぱ〟ヘアを採用。顔まわりは華やかさを出すためカールを多用。

イヤーフック案は敵キャラで採用！

決定に至らなかった2人のイヤーフック案は、敵だったときのルールーでこっそり復活させている。耳まわりはぶら下がりのイヤリングが多いので新鮮！

下唇にだけ色をのせたグロス使いで大人に

「職業体験」テーマがあったので、変身後はメイク感も意識。色付きのグロスを下唇だけに塗って、大人っぽさと若々しさを両立させている。

マシェリと対になるデザイン＆配色

ドレスはマシェリ同様、ロリータ感のあるフリル使いが特徴。袖や首元のリボン、ブーツデザインで個性を出している。白のポンポンイヤリングはお揃い。

Side Back

CV. 田村ゆかりさんに聞きました

パワーをもらえるキュアアムールのコトバ

“あなたを愛し、私を愛する”

「あなたを愛し、私を愛する」というセリフが一番印象に残っています。他者を愛する時には自分のことも認めてあげなければいけない。とても深いなぁと思いました。

キュアアムールのファッションここがスキ！

ツインラブの時の衣装が一番好きです。フリルがたくさんのミニスカートにオーバーニーソックスがとても可愛いです。

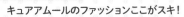

元クライアス社にいたアンドロイドのルールーが変身する、愛のプリキュア。はなたちとのふれあいで心を覚え、えみるから音楽を教わり、次第に普通の女の子のような感情を持つようになった。えみると2人、お互いを想う気持ちが奇跡を起こしてプリキュアに変身。

ミライクリスタル！
ハート、キラっと！
みんな大好き！
愛のプリキュア！
キュアアムール！

ルールー・アムール

アンドロイド時

元クライアス社・アルバイトのアンドロイド（型番RUR-9500）。頭脳明晰で身体能力が高い。無表情で、無反応、その冷たい態度はアンドロイドならではだったが、はなたちとふれあうことで感情が豊かになっていく。

Special interview 2

鷲尾 天
西尾大介　稲上 晃

プリキュアができるまで

いまや“初代”と言われる『ふたりはプリキュア』を立ち上げた、プロデューサーの鷲尾天さん、シリーズディレクターの西尾大介さん、キャラクターデザインの稲上晃さんに、制作秘話を聞きました！

※『プリキュア15周年アニバーサリー　プリキュアコスチュームクロニクル』に掲載された記事の再掲載です。

――『ふたりはプリキュア』の立ち上げの話からお聞かせください。

鷲尾天さん（以下敬称略）　最初に企画提案したのが２００３年6月の下旬くらいです。『明日のナージャ』の次の番組をどうするか、みたいな話があり、私とあともう2人くらいが企画を出して。実は私の案はボツになり、別の人の案でやってくださいと言われて。最終的に担当が自分になったので、自分の案にしますと言いました（笑）。

西尾大介さん（以下敬称略）　この方向でやってくれ、みたいな話になったのは、7月くらい？　キャラクターオーディションへの参加をお願いしたのはその後でしたっけね。

稲上晃さん（以下敬称略）　お盆前に話をもらって、お盆休みを返上して描くみたいな感じでした。２００３年8月17日に提出して、25日にお返事をいただいたと思います。

鷲尾　西尾さんと話して、稲上さんのキャラでいきましょうとなりました。ちなみにその頃、西尾さんは『エアマスター』の最終回をやってましたよ。

西尾　そんな状態でよく番組立ち上がったよね（笑）。まあ、シリーズをやってる最中に次の話がくるのは別に普通のことなので、鷲尾くんから話をもらったときはやろうかなと。ただ、スケジュールがタイトでしたね。ただでさえ仕事遅いのに……（笑）。

――鷲尾さんが西尾さんにシリーズディレクターをお願いしようと決めたのは、いつ頃でしたか？

鷲尾　この話がきた瞬間に決めてましたね。この仕事が終わったら企画部から別の部署に異動するかもと思ってたので。だから最後に西尾さんと仕事して、好きなことをやっちゃおうかなぐらいの気持ちでしたね。『金田一少年の事件簿』で一緒に仕事をしたとき、本当に恩義を感じたんですよ。僕はまったく違う畑から、アニメ業界に来たじゃないですか。何をやってるんだか全然わからないまま『金田一』の担当になって途方に暮れてたら、シリーズディレクターだった西尾さんが「警察が現場を保全するために張る非常線って、どうやっているのかな？」って話しだしたんです。前職で警察担当の記者もやったことがあったんで説明したら、「その話もっと聞かせて」って言ってくれたのをよく覚えていて。この会社で少しやることあるかも！って思ったんです。

――そのおふたりが「プリキュア」で一緒にやることになり、オーディションを8月にやって、稲上さんに決めた理由は何でしょう。

西尾　稲上くんの絵にすごい透明感を感じたっていうか。だって自分たちだってこれからどうしていいかわからない。先入観なく見ることができたのが、稲上くんの絵でした。

鷲尾　私は雰囲気でした。あと楽しそうな感じがありました。

稲上　たしかに、オーディションのときは楽しんで描いたから。そのあとは……つらかったんで（笑）。

鷲尾　腰は痛めちゃいますしね。

稲上　とにかくスタートは自分の絵で自由に描いてくださいって話でした。打ち合わせ前なので、ほのかの方が背が高いとか具体的なイメージはまだもらってなくて。合格後にプロットとかいろんな企画案とか、バンダイさんの資料とか見せてもらいました。

――そのときには「ふたり」ってことは決まっているんですよね？

鷲尾　最初からふたりにはしたかったっていうのはありますね。

稲上　色も決まっていて、黒と白でした。ただタイトルは「プリキュア」ではなく、「ブラックハート」っていうタイトルイメージだったんです。

鷲尾　色はバンダイさんからの提案です。最初はゴスロリの魔法ものみたいなイメージがあって、黒にチャレンジしてみたいってことはわかって。ただ、主役がクールビューティのイメージできていて、ちょっと違和感があったんですよ。これは西尾さんと話してからなんですけど、黒が真ん中なのは全然いいんだけど、真ん中である以上は元気がよくて、勢いある方がいいよねって話になって、なぎさの方向性になったという。

西尾　まあ、ゴスロリ自体が流行ってたし、低年齢の人たちが見てもシニカルに笑えるような、ちょっとブラックユーモア的なものもいくつかあったので、多分それを合体したようなイメージだったんじゃないかな。

――主人公を中学生にした理由は何かありますか?

鷲尾　対象年齢が4～6歳、まあ7～9歳まで見るって考えたときに、あんまり年齢を上に設定すると、ちょっとかけ離れちゃう。でもだからといって年の近い小学校の高学年くらいだと、どっちかというと身近すぎてちょっとおっかない対象になるじゃないですか。もうちょっと離れたくらいで、憧れの対象になるのは中学生くらいなのかなって。ざっと推測してそのくらいにしたんですよ。

西尾　最初に話を聞いた7、8月ぐらいに話題として出てたのは、対象はニチアサ（日曜日朝8時30分）の番組枠なので女児なんです、と。だから実際に見てる子たちが少し背伸びをするような年代にしようっていうのは最初からあって。それで、いちばんちょうどいいかなっていうのが14歳。中学2年生っていう設定はなんとなく、そうなっていった気がする。

鷲尾　中3は高校受験があって、中1だと幼すぎるんじゃないかって。

西尾　実際難しいんだよね、あれ。高校生にしちゃうと今度はまた……それどころじゃないだろうって。

――主題歌もいつも印象的です。

西尾　エンディングの歌もそうなんだけど、そんなに大きく、こまかーく打ち合わせしたわけではないんですよね。そもそも、こっちだってストーリーもまだ決まってないし(笑)。青木(久美子)さんが世界観そのままの歌詞をよく書いたなあ、と思います。

鷲尾　エンディングはほぼ修正なしに近かったですよね。

西尾　『Max Heart』の前期エンディングでも、「ムリムリ!? ありあり!! INじゃぁな～い?! オッケー」! オッケーなんだ!! みたいな(笑)。とにかく元気をもらいました。

稲上　制作状況がいつもそんな感じだったから……ほんとに「ありえない!」とか(笑)。

――コスチュームはどう決めていったんですか?

稲上　本格的なデザインの作業に入り、バンダイさんとのやりとりをしながらいろんな提案が出てきた感じで。

西尾　稲上くんに描いてもらう前なんだけど、ブラックはボディスーツ、ホワイトはワンピース風の、アクションもできるような衣装を出してたんだよね。いま見てもわかるけど、ブラックの方はやっぱりボディスーツですよ。ブラックの上半身のパーツって、本編で使ってるキャラクターデザインの方がボレロに近い。僕らの利点がなにかと言うと、最初に「なにがやりたい」ってなかったところ。まず「どうしよう」から始まってるから、やりたいことがあって頑なに意見が対立していたわけじゃなく、やりたくないことは決まってる。

鷲尾　西尾さんと稲上さんの方から足元をちょっと大きくしたいってことがあったんで、そうしたいですって伝えたら、その資料を出してくれたような気がします。

西尾　例えばシルエット的にパンプスみたいに細くなっていく方向じゃないんだろうなって。だから僕は基本的にブーツを履かせたかった。だけどそのブーツがむき出しより何かアクセサリーで隠せるものない？って探してるときに、レッグウォーマーやブーツカバーみたいなものを提案されたかな。

稲上　あと、やっぱり素手でアクションしたりするので、ガードするポーズも入るから、そういうときにフィットするようなシルエットとかデザインもいろいろ考えました。

西尾　邪魔になっちゃまずいしね。末端のパーツにボリューム感がないと動いている感じが出ないから、そこらへんが難しいよね。

稲上　ホワイトもブラックも肩のボリュームを出して、布なんだけどちょっとアーマーっぽいっていうか。

鷲尾　それは意識してもらいましたね。肩とか覆いたいって西尾さんから話が出てましたよね。

西尾　僕は最初からアーマーのつもりだもん。

――それはアクションだからですか？

西尾　そう。最初にアクション向けに作らないと、キャラクターたちの動きがおかしくなる。しかも女の子たちが活躍するので、余計なことを考えさせるのは良くないかなって。

稲上　ブラックのベルトも片側が下がってるんですけど、それは西部劇風のガンベルト型っていうイメージ。

鷲尾　膝、肘、手首、肩と、関節は全部覆ってますよね。だからショートブーツでもないし。それを上手く融合させて、可愛らしいデザインっていうリクエストと折り合いをつけるってことはやってましたね。

西尾　対象にしてる子たちが、憧れたり、かっこいいと思ったり、感情移入しやすいっていうコンセプトで考えると、余計なものは着せたくないし、目的にあった機能のものにしたい。だから媚びてるわけではないってことは明確に宣言しないといけないので、それでボディスーツです。

稲上　変身用のコスチュームを作るときに一つ西尾さんから言われたのが、首輪っぽいファッションは拘束的な感じがするのでやめてくれ、と。

西尾　チョーカーが好きな女性もいるけど、ゴスロリも含めゴシックホラー的に女性に着せたいデザインの中の最高峰でもあって、ちょっと象徴的すぎる。鍵とかつけたり……。そういう方向性は避けたかったし……。

稲上　だから首元はブラックでいうとタートルネックっぽくしています。

――キャラの髪型などは何かを参考にされていたんですか？

稲上　ティーンのファッション誌をたくさん見てました。

鷲尾　そもそも当時は、いまみたいにネットで検索して画像が並ぶみたいな時代じゃないから。ファッション雑誌を隅々まで見てスクラップしたり、ストックするみたいなことをやらなきゃいけなかったんですよね。

稲上　そうですね。結構ヘアスタイルとかはそれらを見てイメージしました。変身後の設定がだいぶ固まった頃から変身前の制服とかもやりだして。

鷲尾　変身後が固まるまで、まるまる1か月くらいですかね。毎日やりとりして、これにかかりっきりです。

――コスチュームが決まったのはいつ頃なんですか？

鷲尾　本当はうんと早くしてって言われてたけど。結局、清書してもらったのは9月、10月くらいですか？

稲上　たしかそんな感じですね。

鷲尾　今のスケジュール感だと多分信じられないような遅さですよ……。

稲上　決まらないとスチールとかポスターが描けないし……。

鷲尾　商品パッケージの方もずいぶん催促されてたんですよ。でも当時は商品が全然なくて。最初に出た商品って、2つか3つで、変身アイテム「カードコミューン」と「手帳」「お着替え」だったかな。

西尾　まず何に間に合わせるかというと、放映じゃなくてパッケージだもんね。パッケージには絵が必要だから、その逆算で決めるっていう。先に出てくるのはそれだし、玩具にも声を入れなきゃいけないから声優さんも決める。それから、12月頭にはPR映像を出さなきゃならないんです。ティザーだとしても、そこにはコスチュームなり何なり入れないといけないから、キャラクターも完成させなきゃいけない。

稲上　西尾さん、たしか、10分くらいで絵コンテ描いたんじゃないですかね……。

鷲尾　「映像間に合いませんよ！」っ

稲上さんによるオーディション時の変身後のイラスト。

稲上さんによるオーディション時の変身前のイラスト。

て言ったら、「じゃあこんな感じかな」ってメモ用紙に描きだして。

西尾　稲上くんと原画マン、鷲尾くんたちの目の前でね。それが後の「一難去ってまた一難」のあのカットと「ビルの回り込み」です。取り急ぎだったからミーティング中のメモ用紙をひっくり返して裏に描いちゃった……(笑)。

――2年目『ふたりはプリキュア Max Heart』になると、ブラックとホワイトのコスチュームが少し変わりました。

稲上　ふたりに関してはマイナーチェンジ的な感じでフリルとかラインを増やすのと、ちょっとパワーアップした感を出しました。

西尾　稲上くんがアレンジするとアクションスーツになる。そこを守れば、変な方向にはいかないので。

稲上　ブラックのフリル2段も気にならない感じに。ただ描くアニメーターさんからは、線が増えたって怒られることはありました……。そしておへそは隠すことになりました。

鷲尾　『ふたりは～』の放送当時、子どもたちがコスチュームを着る、つまりブラックのコスチュームが世の中に大量に出回るということを想定してなかったんですけど、実際には着たいという女の子たちがいっぱいいたんです。ブラックっておへそ出しだったんで、実際に子どもが着たら親御さんが心配して……。

稲上　ポイントだったんですが、お腹を冷やすからって(笑)。あとブラックは、1作目よりボレロ感があると思うんですけど、お腹まわりはボディスーツっぽいスパッツと同じような素材にして、上着に赤を取り入れた感じです。まぁスポーツウエア的な配色もちょっとあるかもしれないですね。ホワイトはバレリーナっぽい感じですかね。

鷲尾　どっちにしろ体を動かすことはできるからスカートを二重にしたんですよ。カバーもつけたんですよね。

――シャイニールミナス、九条ひかりはどうでした?

西尾　僕らのイメージの中では最初からキンキンに光ってる感じです。金色にピカーッと光ってる感じ。

稲上　ルミナスのコンセプトはクイーンのイメージを入れるってことでした。だから髪の毛はクイーンっぽくフワッとさせて。おでこは体操選手みたいにピシッと出して清潔感やすっきり感を出すとか。コスチュームで提案があったのはAラインにしてほしい、ということでしたので、それを取り入れて。クイーンの体にまとっている金色のリボンの帯みたいなのは、あとでつけました。

鷲尾　2年目については比較的こちら側から提案したこと、特にひかりについては、こういう方向でいきたいんだって意見を尊重してもらった感じはありますね。髪型、前髪の感じとか、目の雰囲気。変身前のひっつめた感じとかですね。

稲上　最初にルミナスを作ってから、変身前のひかりにいくんですけど、最初はなかなか髪型が決まらなくて。「髪留めはつける」っていうのはイメージにあったんですけど、変身後との差をつけたくて、編み方の感じとかはいろんな人に協力していただきました。西尾さんにもいっぱい描いてもらったりしましたね。

西尾　そうそう。アフレコに絵を描きに行ってたもんね。ゆかなさんと池澤春菜さんが髪の毛が長いから、

ほぼ最終段階のキュアホワイト。ここからさらにブラッシュアップして決定。

打ち合わせを重ね続けて完成間近のキュアブラック。

右の表情の雰囲気・構図は生かしつつスチールに。しっとり静かな感じ。

髪型やホワイトの眉・リボンなどがまだ固まる前のラフスケッチ。

休憩のたびに髪を結ってもらったんですよ。あとは喫茶店に髪をひっつめた感じが近い人がいて、その人をずーっと描いてたり……。

稲上　あとアフレコのときに声優さんにAラインの服を着て来ていただいたので、「皺の入り方とかスカートのふわっとした感じとかよく見て」って、西尾さんに指導してもらって。

西尾　そんな偉そうなこと……多分言わないから（笑）。

稲上　後輩の女性アニメーターにこの髪型にしてもらってデッサンしたりもしました。それでもしっくりくるまで描き続けて。「意識をする」ってことが大事なんだと、あらためて西尾さんから勉強させてもらいました。

西尾　生まれて初めてほめられちゃった（笑）。

鷲尾　あちこちでほめてます！（笑）

稲上　ひかりの私服に関しては、ふたりと違う、ちょっとふわっ……とした感じをイメージしています。デニムのジーンズの上にレイヤー的なスカートとか。全体にピタッとした服装じゃなくてゆったりした感じで、フェミニンな。透明感とか、ちょっと不思議な感じもする雰囲気をそこはかとなく出したいと思ったんです。

西尾　ルミナスについては、「ふたり以外はプリキュアじゃない」っていう明確なコンセプトがあったから。Aラインにした服装も踏まえて、要するにふたりと被らないものにする。プリキュアじゃないっていうのがいちばん大きなテーマだったんで、彼女らの妹分的な存在なんだけど、決して彼女らの前に出るようなキャラクター性ではない。その代わりその本質は、存在感として後ろにデーン！と控えているクイーンのようなもの。だからひかりは、絶対ふたりの前に置かなかった。シリーズが新しくなると、普通は主人公の前に新しい主人公を置くじゃない。当然、目立たないからね。頑なだったかもしれないけどその代わり、髪型とか目立って大きいわけ。

――そもそも「プリキュア」は「pretty」と「cure」の造語ですが、これはいつ頃に決まったのですか？

鷲尾　キャラよりずいぶんあとです。

西尾　撮影しなきゃいけないっていう直前、ですかね。

鷲尾　タイトルロゴの締め切りがもう来週です！　って状況で、いろんなやつ出したんだけど、どれも商標でひっかかっちゃったんですよ。「スイートバディ」も「マーブルなんとか」っていうのもダメだったし。全然ダメだから、やっぱもう造語にしましょうっていって、「プリキュア」になったんじゃないかな。

西尾　ただ不思議なもんで、いっぱ以上はみんなで出し合いましたね。100語

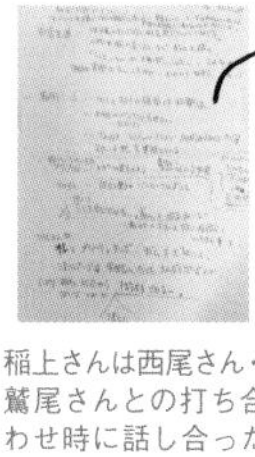

稲上さんは西尾さん・鷲尾さんとの打ち合わせ時に話し合ったことをメモにまとめていた。ここから『ふたりはプリキュア』の方向性が読み取れる。

制作時に大切にしていたこと

- キャラに合わせた立ち居振る舞い
- 女の子たちの立ちポーズなどでは、「あざとさ」はなくす(内またポーズとか、、、)
- 日常生活では、それぞれのキャラクター性を出していってあげる。
- 小物や服の着こなしなどをきちんと描く。
- 戦うシーンでは、決して相手の頭部は攻撃しない。スカート感を重視する、中は見せない。
- 戦っているときの表情　ブラックは、スポーツ選手のよう。ホワイトは、体操選手やバレリーナのよう。
- 決して後ろ向きではない、前へと出るイメージ
- アクションは、キレとメリハリ、テンポ、リズムを大切に。
- 決めポーズは相手に立ち向かうポーズで、決して棒立ちではない。

い出した中で、出してる最中はどれもこれもこう……今ひとつだなって。だからどれでもないんだけど、そんな中で妥協して「もうこれだよ、これにしようよ」って決めちゃうと、もうそれになっちゃう。じゃあ今までのやつ全部ボツにして、やっぱり別の言葉を考えなきゃいけないなって……。その気持ちで今度は前に出たものを見返すと、実はヒントがあったりする。「マックスハート」もそうなんだけど、「プリキュア」も、「プリティ」と「キュア」別々で多分キーワードがあったんだよね。それで「もうダメだ！　おしまいだ！」って追い詰められたときに……！

『ふたりはプリキュア』の好調を受けて、2作目『ふたりはプリキュア Max Heart』が作られることになる。真ん中は新しい登場人物のシャイニールミナスで、イメージは光の国のクイーンのゴールドだった。

——なんか常にギリギリとかおしまいだとか言っている気が（笑）。

西尾　キーワードの「プリティ」ってやつと「キュア」っていうのをくっつけて造語にしちゃえって。思えば何となくハマった！　って感じになったような……。やっぱり一度全部捨てないとそういうことが浮かぶような気にならない。「マックス」も「ハート」も同じようにキーワードで候補があったんだけど、それらを単独で見ている間はどうもしっくりこない。でもほんとに余裕がなくなって改めて見直したときに「マックス」と「ハート」をくっつけちゃえば、「いっぱいいっぱい」じゃん！　ああ、それかって！（手をポンと打つ）

鷲尾　ふたりで「あ！　それだ！」って言った記憶があるんですよ。

稲上　僕はただひたすら絵を描いていて、そっちで「いっぱいいっぱい」でした（笑）。

西尾　崖っぷち感がよく出ている、とってもいいタイトルですよね（笑）。

——取材も時間いっぱいいっぱいです（笑）。『ふたりはプリキュア』から15年経ってのお気持ちは？

鷲尾　仕掛けといてなんですけど感無量ですよね。本当にこんなことになったんだっていう気持ちは大きいですよね。15周年を記念して各ターミナル駅に貼ったポスターとかに立ち止まってくれる人を見ると、この人たち小さい頃見てたのかなとか、思わず声かけたくなる（笑）。

稲上　男女のカップルの女の子が「懐かしい〜！」とか言ってて、男の子の方も「おー!!」って反応してて。ああ、見てくれてたんだなあって思って、とても嬉しかったです。

西尾　15周年のプロモーション映像のスタッフにもすごくよくしてもらいました。参加したスタッフが、小さい頃から見ていたって人も多くて。あの当時子どもだった人が成人して社会に出て、いま苦労しているんだというのを前提に映像を作ったので、共感しやすかったと思います。とにかく『ふたりはプリキュア』の世界観をとっても大事にしてくれていて、とても励みになりました。

鷲尾　あのプロモーション映像は西尾さんが立ち会ってくれてたんで。テイストがきちんと守られてるから、ものすごく安心して見ていられたし、いいなって思いました。そういうことができるような状況にまでなったってことが本当に嬉しいですよね。

Profile

鷲尾 天
（わしお たかし）

1965年、秋田県出身。秋田朝日放送の記者などを経て、1998年に東映アニメーションに入社。『金田一少年の事件簿SP』や『キン肉マンII世』などを担当した後、『ふたりはプリキュア』を立ち上げる。2008年『Yes！プリキュア5 GoGo！』までプロデュースを務め、映画『プリキュアオールスターズDX 1〜3』も担当。現在は執行役員・企画部 エグゼクティブプロデューサー。

西尾大介
（にしお だいすけ）

1959年、広島県出身。1981年に東映動画（現・東映アニメーション）第1期研修生として入社。『Dr.スランプ アラレちゃん』で演出家としてデビュー。『ドラゴンボール』『ドラゴンボールZ』『蒼き伝説シュート！』『ゲゲゲの鬼太郎（第4期）』『金田一少年の事件簿』『ロボディーズ―風雲篇―』などのシリーズディレクターを務め『ふたりはプリキュア』『ふたりはプリキュア Max Heart』の2作を担当。現在フリー。

稲上 晃
（いながみ あきら）

1963年、大阪府出身。1986年に東映動画第2期研修生として入社。映画『聖闘士星矢 邪神エリス』で初めて原画を手がける。OVA『峠についた赤い郵便受け』（1990年）で初キャラクターデザイン、その後『夢のクレヨン王国』『ふたりはプリキュア』『ふたりはプリキュアMax Heart』『ふたりはプリキュア Splash☆Star』『ねぎぼうずのあさたろう』などを担当。

Transform items

Column 11

変身アイテム④

はじめてのペンダント型や、バーサライタを取り入れたアイテムなど、進化が止まらない！　一目見ればストーリーがよみがえる、プリキュアを象徴する逸品。

トロピカル～ジュ！プリキュア

トロピカルパクト

人魚の国に伝わる特別なコンパクト。貝がらで彩られた凹凸のあるデザインはクリア素材を多用。カラフルな光が美しく広がる設計で、トロプリだけのメイクアップ変身を盛り上げる。ちなみに、「ハートクルリング」の「ハートクル」は、ハートの指輪を「くるっ」とまわす(!)ところから。

デリシャスパーティ♡プリキュア

コメコメ

フードをくるんと裏返すと、「おむすびフォーム」にチェンジ！　実際におむすびをにぎるように「にぎにぎ！」。楽しいクッキングアクションを盛り込み、シリーズのテーマである「ごはんは笑顔」を詰め込んだ意欲作。かわいい声でおしゃべりし、大きさも本物のコメコメみたい！　劇中同様コメコメと一緒になりきるべく、プリチュームに取り付けられるベルト付き。

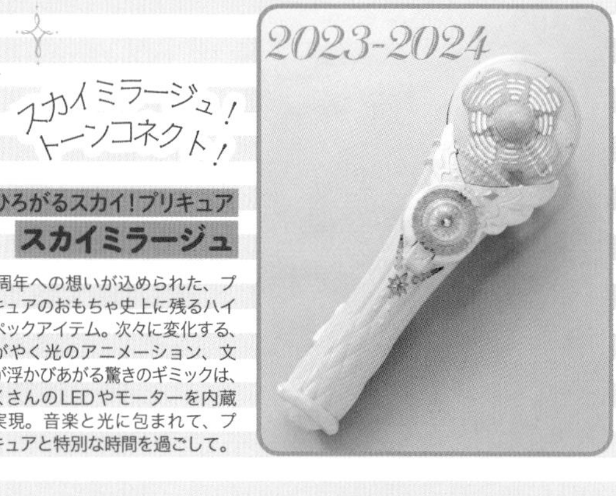

ひろがるスカイ！プリキュア

スカイミラージュ

20周年への想いが込められた、プリキュアのおもちゃ史上に残るハイスペックアイテム。次々に変化する、かがやく光のアニメーション、文字が浮かびあがる驚きのギミックは、たくさんのLEDやモーターを内蔵し実現。音楽と光に包まれて、プリキュアと特別な時間を過ごして。

スター☆トゥインクルプリキュア

スターカラーペンダント

キラキラ星のラインストーンが輝く変身スターカラーペンで、「カラーチャージ！」。ペン先でタッチするとメロディーがスタート！　劇中でプリキュアが歌う変身ソングが、プリキュア全員分フルサイズで収録されており、アニメそのままに歌い踊りながら変身できる。

ヒーリングっど♥プリキュア

ヒーリングステッキ

変身アイテムとしては初のステッキ型。パートナー妖精が宿り、一緒に変身するというモチーフは初代『ふたりはプリキュア』へのリスペクト。ピンクの肉球ボタンは、タッチしたくなるかわいさ&ぷにぷに感を追求。浄化技もこのステッキで、ラビリンたちといつも一緒♥

2019-2020

スター☆トゥインクルプリキュア

キャラクターデザイン：高橋 晃

宇宙と星座が大好きな星奈ひかるのもとに、ある晩、宇宙妖精のフワが現れた。
フワを追ってやってきた惑星サマーン出身のララと宇宙妖精プルンスは、
スタープリンセスの復活の鍵となる伝説の戦士・プリキュアを探しているという。
宇宙の支配をもくろむノットレイダーに襲われたフワを助けるため、
ひかるが星のプリキュア・キュアスターに変身。
イマジネーションの力で、ひかると仲間たちが宇宙の平和を守るため奮闘する。

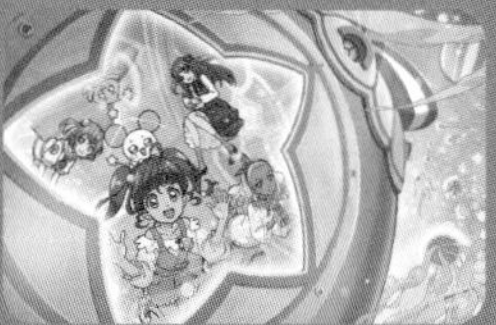
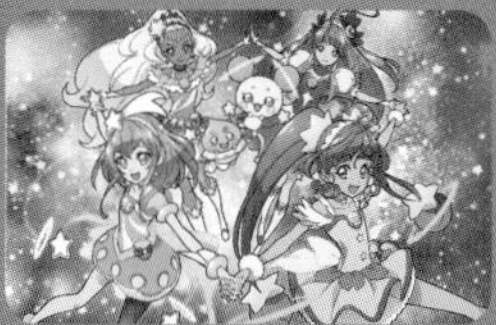

スター☆トゥインクルプリキュア
STAR☆TWINKLE PRECURE

Cure Star

スターカラーペンダント！
カラーチャージ！
宇宙《そら》に輝くキラキラ星！
キュアスター！

星奈《ほしな》ひかる

観星《みほし》中学校に通う2年生。好奇心旺盛で、宇宙と星座が大好き。豊かなイマジネーションの力を持ち、直感で動けるタイプ。口癖は「キラやば～っ☆」。

　ひかるが変身する星のプリキュア。宇宙妖精のフワがカッパードに捕まりそうになり、フワを守るため、ひかるは無我夢中で宇宙空間に飛び出した。スターカラーペンダントとスターカラーペンが出現し、歌って踊りながらキュアスターに変身。決め技は「プリキュア！　スターパンチ！」。

キュアスター

キャラクターデザインのベースには、「宇宙」や「80年代」「春夏秋冬」のキーワードが。活躍の舞台を宇宙にまで広げた本作は、今まで以上に個性的なプリキュアが誕生！

ツインテールの先には宇宙を思わせる球体

毛先のお団子のアイディアでキュアスターらしさが決定的に。初期案よりどんどん大きくなり、最終的には星に！

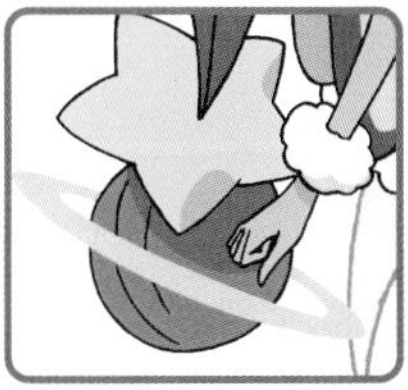

キュアミルキーと対になった脚のデザイン

ミニスカートにはロングブーツ、という定石とは別のアプローチを目指し、アシンメトリーデザインに。雲のようなアクセサリーで手首や足首を飾り、空のイメージもプラス。

シルエットを決めてデザインをスタート

前作の雰囲気から一転、ヘルシーな肩出しが新鮮。上半身はタイト、下半身にボリュームがあるシルエットがポップな世界観にマッチしている。

「春」から発想した花モチーフが各所に

キュアスターは「春」のイメージなので、最初は全身花モチーフのデザインだった。その名残がアクセサリーやウエストにも見られる。

ウエストホルダーにはスターカラーペンを収納

小さなホルダーはキュアコスモ以外のプリキュア共通のデザイン。ペンを収納できるホルダーは、子どもが真似したくなるポイントでもある。

CV.成瀬瑛美さんに聞きました

パワーをもらえるキュアスターのコトバ

“きらめく星の力で
あこがれのワタシ描くよ”

プリキュアシリーズは名言がギュンギュンに詰まっているが故に、め――っちゃ迷っちゃうのですが！！！☆
男の子でも女の子でも、大人でも子どもでも、それぞれがそれぞれの夢や憧れ、トキメキや理想を自由に描いていく世界であってほしいので、これに尽きるかなあと思いました。みんな好きな格好をして、この宇宙で笑顔で生きていこうね！☆

キュアスターのファッションここがスキ！

深層心理や「こうなりたい！」をグイグイ引き出している点です。大好きなモチーフがついていたり、あの子とあの子が対だったり、一見ボーイッシュっぽく見える子が変身したらスカートだったり……。キャラデザさんがこだわりを追求しつつ、アニメでの動かし方も配慮しつつ考え抜いてデザインしているんだろうなあというのが見える点。そんなところも大好きです（笑）！

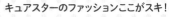

キュアミルキー

シリーズ初の宇宙人プリキュア。当初はパンツルックを考えていたキュアミルキーのコスチュームは、最終的にはキュアスターとバディ感のあるフィット&フレアなスタイルに。

流れ星のカチューシャがキュアミルキーらしさ

顔まわりにポップなインパクトを与える流れ星のカチューシャが、キュアミルキーのデザインの決定打に。宇宙人らしい愛らしさが加わった。

織姫の羽衣のようなバックリボン

天の川から連想される織姫もイメージソース。背中のリボンは織姫の羽衣のようなイメージで、シースルーのふんわりとした形に。

「夏」のプリキュアを素材感や形状で表現

「夏」のプリキュアなので、上半身の水着っぽさ、浮き輪モチーフに加え、袖やバックリボンをシースルーにして涼しげな印象に。

「天の川」を意識した色柄をポイントに

キュアミルキーは天の川のプリキュア。トップスの放射状のラインやスカートの曲線、色合いで、天の川を感じさせるデザインに。

パンツルックを宇宙っぽくアレンジ

原案はパンツルック。修正を重ねて出てきたバルーンパンツをさらに監督のアイディアで浮き輪っぽくして、宇宙人らしく。

CV.小原好美さんに聞きました

パワーをもらえるキュアミルキーのコトバ

私らしくいたいルン!

ララは「自分の星では……」とか自分の中に決まりがあって、それによって悩んでいるところもありました。でも、ひかるやいろんな人と出会うことで、自分らしくいることの大切さを感じて、闘いの中でこの言葉を言った時、ララの中の人として「よく言った!」と感動したのを覚えています。

キュアミルキーのファッションここがスキ!

シースルーの袖がとっても大好きです!華奢な腕も見えてかわいい。そしてかぼちゃのようなパンツに片足タイツ!キュアスターとツインのようにも思えて好きなポイントです。そして彼女にしかない触角の先が星になっているところも好きです。あとは何よりキュアミルキー全体の色合いが好きです!青でも緑でもない、ララの色というところが素晴らしいなって思います。

スター☆トゥインクルプリキュア

STAR☆TWINKLE PRECURE

スターカラーペンダント!
カラーチャージ!
天にあまねくミルキーウェイ!
キュアミルキー!

羽《は》衣《ごろも》ララ

惑星サマーン出身の宇宙人。地球年齢で13歳。まじめで責任感の強い子。頭から出ている触角を器用に操り、ロケットを操縦する。「ルン」が語尾につき、「オヨ〜」が口癖。

ララが変身する天の川のプリキュア。ひかるが目の前で変身するのを見て、自分もプリキュアになりたいと思った。フワを守りたいと強く願い、なりたい自分を思い描き、キュアミルキーに変身した。決め技は「プリキュア!　ミルキーショック!」。

スター☆トゥインクルプリキュア
STAR☆TWINKLE PRECURE

Cure Soleil

スターカラーペンダント！
カラーチャージ！
宇宙を照らす！
灼熱のきらめき！
キュアソレイユ！

えれなが変身する太陽のプリキュア。弟たちを笑顔にしてくれたフワが、テンジョウの恐怖におびえて泣くのを見て、いてもたってもいられず、フワの笑顔を守りたいと思いプリキュアに変身した。決め技は「プリキュア！ソレイユシュート！」。

天宮《あまみや》えれな

「観星中の太陽」と呼ばれ、学校一の人気者の3年生。6人きょうだいの長女で、花屋を営む忙しい両親の手伝いや家事もがんばっている。口癖は「チャオ！」。

キュアソレイユ

キュアソレイユは名前のとおり、常に話題の中心にいる太陽のような存在。父親がメキシコ人という設定なので、衣装はラテンの明るさや華やかさを意識している。

おでこ出しのヘアに星のサークレットを

おでこを出すことは決まっていたので、顔まわりを飾るアイテムを探したところ、サークレットに行き着いた。結果、高貴さもある印象に。

ロング丈を避けたくてアシンメトリーに

艶やかさは欲しいけれど、ロング丈は違うということで、フリルとアシンメトリーデザインの掛け合わせに。フレッシュさがキープできた。

ロングブーツで露出を抑えてヘルシーに

5人のプリキュアの中では大人っぽいイメージだが、実は中学3年生。肩の露出がある分、ロングブーツで脚の露出を抑え、バランスを調整。

秋のフルーツをアクセサリーに

「秋」のイメージなので、季節のフルーツのぶどうのモチーフを髪飾りやチョーカーなどに。オレンジのドレスと紫のコントラストが鮮やか。

フラメンコ風衣装で情熱的な性格を強調

最終的にはメキシコでも盛んなフラメンコの衣装をアレンジ。情熱的で温かな彼女の内面を表している。

CV.安野希世乃さんに聞きました

パワーをもらえるキュアソレイユのコトバ

“みんなの笑顔が！
わたしの笑顔になるの！”

大事な人が、あなたが笑ってくれるから、私も笑顔になれる。そんな無敵の笑顔の秘訣が、とても強く心に響きました。心が泣いてしまいそうな時、何度でもこの言葉を胸に抱きしめたいです。

キュアソレイユのファッションここがスキ！

それぞれの個性がきらめくみんなの私服が本当にかわいくて大好きでした。えれなは健康的な脚をスラッと出したショートパンツスタイルがとてもよく似合っていて、まぶしかったです！

キュアセレーネ

キュアソレイユと対になる「月」のプリキュア。５人のプリキュアの中では「冬」のイメージでもあるので、雪の結晶のモチーフを多用している。

Fashion Point

ゴールドの髪留めはかぐや姫のイメージ

実は以前デザインした「太古のプリキュア」にも使ったデザイン。女神っぽい雰囲気でかぐや姫のイメージにもマッチ。ゴールドもアクセントに。

お嬢様イメージの上品なパフスリーブ

由緒ある家のお嬢様で、ピアノが上手な優等生ということで、つけ襟、パフスリーブなど上品なディテールを採用。露出を減らし、奥ゆかしく。

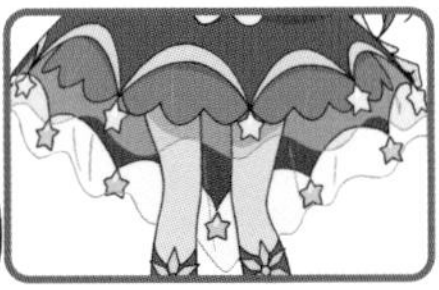

最もデザインに苦労したキャラクター

彼女の個性をどう表現するかがなかなかまとまらず、とにかく大変だった。「月」と「冬」のイメージ、生まれや育ちによる高貴な雰囲気を最大限活かした。

夜空に輝く星をあしらったスカート

「月が光るのは夜」ということで、パープルのスカートは夜空のイメージ。シースルーの裾に星が揺れる、ロマンチックなデザインに。

「冬」を想起させる雪の結晶モチーフ

雪を思わせるホワイトカラーや雪の結晶モチーフを多用し、「冬」のイメージを表現。寒色系の色使いが優等生の凜とした雰囲気も演出。

CV.小松未可子さんに聞きました

パワーをもらえるキュアセレーネのコトバ

“わたくしは、自分で自分の未来を決めます！”

お父様に向かって告げたセリフですが、自分にも改めて返ってくるような、心に響く言葉です！

キュアセレーネのファッションここがスキ！

アンブレラ型のスカートに、星がたくさん降り注いでいるようなモチーフがとってもかわいくてお気に入りです。みんなそれぞれが輝く星であり、まどか自身、星と星を繋ぐ架け橋のような存在でもあるので、とても彼女らしいファッションだと思います。

カラーチャージ！
夜空に輝く！　神秘の月あかり！
キュアセレーネ！
Cure Selene

まどかが変身する月のプリキュア。フワを見かけ、宇宙開発特別捜査局局長の父に報告すべきか迷っていた。自分に優しくしてくれたフワが悪者に狙われたとき、自分はどうしたいのか考え、フワを守ると決意してプリキュアに変身。決め技は「プリキュア！　セレーネアロー！」。

香《か》久《ぐ》矢《や》まどか

成績優秀で生徒会長を務める中学3年生。ピアノと弓道は全国大会で優勝の経験があり、華道・茶道もたしなむお嬢様。「観星中の月」と呼ばれている。口癖は「ごきげんよう」。

Cure Cosmo

スターカラーペンダント！
カラーチャージ！
銀河に光る
虹色のスペクトル！
キュアコスモ！

レインボー星出身で、宇宙アイドルマオ、宇宙怪盗ブルーキャットなど、いろいろな姿に変化《へんげ》できる。故郷を愛し、石化した人々を救おうとする優しい心の持ち主。語尾には「ニャン」がつく。

ユニが変身する宇宙のプリキュア。レインボー星を救うため、ブルーキャットの姿でひかるたちからフワとプリンセススターカラーペンを奪ったが、アイワーンノットリガーとの戦闘で目の前で倒れるプリキュアを救いたいと思い、キュアコスモに変身。レインボーパフュームで「プリキュア！　レインボースプラッシュ！」を放つ。

キュアコスモ

レインボー星出身の宇宙人。宇宙怪盗や宇宙アイドル、バケニャーンなど、数多くの顔を使い分けるユニークなキャラクターをレインボーカラーで表現している。

Fashion Point

猫のような耳と尻尾はレインボー星人の証

猫耳と尻尾は、身体能力が高く、語尾に「ニャン」をつけて話すレインボー星人の特徴。コスモのアイデンティティとして変身後も残した。

ユニ（レインボー星人）

カラーメッシュの三つ編みで華やかに

プロデューサーからの提案で取り入れたスタイル。トレンド感もあり、変幻自在で華やかな存在感のコスモにマッチしたヘアスタイルの表現になった。

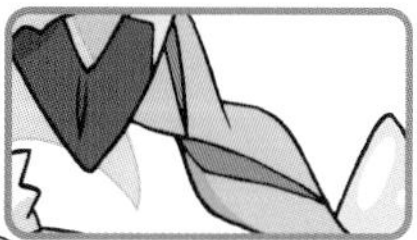

怪盗ブルーキャットのニュアンスも加味

ミニハットや、襟の高いベスト風のトップスは、キュアコスモが怪盗ブルーキャットとして活動する際に着ていた衣装にも通じるデザイン。

ブルーキャット

バケニャーン

レインボーカラーで虹のプリキュアを表現

「プリズム（虹）」のイメージのプリキュアなので、スカートも七色に。怪盗からアイドルまで、多彩な顔を持つコスモの個性を表すのにもぴったりだった。

プリズムから発想した「三角」をちりばめて

プリズムの形ともリンクする三角モチーフを随所に。三角は、キュアコスモが変装していたバケニャーンにも使っていたモチーフ。

CV.上坂すみれさんに聞きました

パワーをもらえるキュアコスモのコトバ

“スターカラーペンダント！
カラーチャージ！”

変身とともに流れる楽曲もとても想い出深いですね。口ずさめば、いつでもどこでも、プリキュアたちの「キラやば〜っ☆」なパワーを分けてもらえるような気がします！

キュアコスモのファッションここがスキ！

お洋服への憧れのすべてが詰まっていると思います！　プリキュアとしての衣装はもちろんかわいい＆カッコ良いですし、学校の制服や私服、人魚姿やハロウィンコスチューム、クリスマス、パジャマなどなど、お洋服のバリエーションがたくさんあって、それぞれに各キャラクターの個性がちりばめられているのがすばらしいです。スタプリ的には、ユニのジャージ姿が大好きです。

Special interview 3

漫画家

上北ふたご インタビュー

プリキュア全シリーズのコミカライズを担当し、美麗なイラスト、漫画オリジナルのストーリーや可愛い私服などが大人気の上北ふたごさんに、プリキュアを描くことの魅力についてうかがいました！

Profile
かみきた ふたご／高知県出身。名前のとおり、ふたご（2人）で活動中。『タイムボカンシリーズ』などのキャラクターデザインを経て、月刊誌「なかよし」で『よばれてとびでて！アクビちゃん』のコミカライズを担当以降、プリキュア全シリーズのコミカライズを連載中。

――近年の連載では日常シーンのオリジナルストーリーが主ですが、内容はどのように決めていらっしゃいますか？

上北ふたごさん（以下敬称略） アニメのシナリオを読んで、キャラクター描写でおもしろいと感じた言動やエピソードを拾い、そこから膨らませてお話を作っています。この子だったらどんな悩みや事件に直面するだろうとか、この子とこの子の関係性が深まるとすれば何がきっかけになるだろう……などと考えてみます。質問やプロット、ネームのチェックは、担当編集さんを通じて東映アニメーションのプロデューサーさんからご回答をいただきます。

――最近の5シリーズのコスチュームの印象や、描くときのポイントを教えてください。

スター☆トゥインクルプリキュア

上北 まず目を惹くのは、キュアスターのツインテールの毛先の大きなお団子です！ 土星のような大胆なデザインで楽しいですね。キュアミルキーのバルーンパンツはすごく新鮮で、キュアコスモのレインボーカラーのスカートも可愛くて印象的。スターの片足ニーハイソックスとミルキーの片足タイツが対になっているのも、おもしろかったです。そして、ミルキーの触角のエイリアンっぽさが最高です♪ 髪の毛やコスチュームの浮遊感を意識して描いて、宇宙らしさが出るよう心がけています。

ヒーリングっど♥プリキュア

上北 襟付きジャケット&白手袋なので、フォーマル感と清潔感がありますね。フォーマルかつふんわりやさしい雰囲気になるよう、気をつけて描いています。キュアスパークルの巨大なパフのようなスカートがとってもユニーク！ キュアアースの大人っぽくてエレガントなスカートも魅力的です。髪の毛に入っている花やハートなどのモチーフも可愛くて、まつげの色のブレンドもコスチュームカラーと相まってキレイですよね。

トロピカル〜ジュ！プリキュア

上北 貝殻や真珠、フルーツなどのトロピカルアイテムや、セーラー襟《カラー》、メイクアップ処理がちりばめられたキャラクターデザインで、ウキウキするような楽しさと可愛らしさが溢れています！ キュアコーラルの帽子も可愛い♪ 足元もみんな個性的で、特にキュアサマーやキュアラメールは開放感のあるサマーサンダル風で、遊び心を感じるデザインです。作画の際は元気と躍動感が伝わるように描いています。

デリシャスパーティ♥プリキュア

上北 みんな小さなエプロンをしているのが可愛いです！ それに対して、背中の特大リボンでメリハリが効いているところが好きなポイントです。初のチャイニーズスタイルのプリキュア、キュアヤムヤムがとても新鮮で個性的でキュート！ 顔のついたアイテムに変化してコスチュームに装着される、パートナーの妖精たちも印象的です。ヤムヤムにくっついたドラゴン姿の妖精の、メンメンにキュンとなりました♪

『デリシャスパーティ♡プリキュア』のコミックスのカバーイラスト。プリキュアシリーズは「なかよし」で連載中。

ひろがるスカイ！プリキュア

上北 まず印象的なのは、髪型やコスチュームのアシンメトリーなところ。マントを羽織ったキュアスカイは、青を基調としながら、白・ピンク・黄色の配色のアイテム使いで、センタープリキュア感が出ていると思います。ピンク髪×白コスチュームの

※『プリキュア15周年アニバーサリー　プリキュアコスチュームクロニクル』に掲載されたインタビュー記事に、新規インタビュー内容を加筆し、再構成しています。

『ひろがるスカイ！プリキュア』新連載スタート時の扉イラスト。躍動感たっぷり！

キュアプリズムも新鮮。近年では、髪やコスチュームにブレンド処理がよく施されますが、キュアバタフライの腕から肩にかけてのグラデーションには、不思議なおもしろさと美しさを感じました。

――原作の設定をふまえつつ、どのようにアレンジして漫画のプリキュアキャラクターを作っているのですか？

上北　アニメの線画を漫画のペンタッチで表現するのは難しいな〜と、その都度試行錯誤しながら描いてきました。特にアナログのペン入れをしていた時期は、そう感じることが多かったです。設定画にできるだけ寄せた絵を描けるよう努めていますが、これまで描いてきたタイプと違った絵柄の場合には、形のライン取りが難しくて、どうしても自分寄りの描画になりがち。描き慣れるまでは鍛錬を積み、なんとか形にしている次第です。黒一色での表現となるため、色のバランスを考えて、メリハリがつくようにスクリーントーンの濃淡を決めます。

――『スター☆トゥインクルプリキュア』では、宇宙人がプリキュアになりましたが、どう感じましたか？　また、描くときに何か違いはありますか？

上北　ファンタジックな異世界とちがって、宇宙という舞台での交流となると、現実にもありうるかも……？　と、なんだかロマンを感じました。文化や生活習慣などの違いに対する宇宙人の反応や、どんな交流を経てお互いの気持ちが近づくのかが見どころだと思います。最初に、言葉も通じなかったララと親睦を深め、そして別れの際にはまた言葉が通じなくなって……という流れが切なかったです。宇宙人ならではの特徴を触角などの細かい部位で表現していますので、ついつい描き忘れてしまうことがありました。

――メインメンバー初の男子プリキュア、キュアウィングの設定をご覧になったとき、また実際に描いてみて、どんな印象でしょうか。

上北　年齢が低めに設定されていますし、ちょっとボーイッシュな女子にも見える中性的な印象を受けました。ですので、描くときにも男子であることを意識せずに、これまで同様、女子を描く感覚で対処しています。ただ表情に関しては、「眉をキリッと凛々しく描いてください」と、プロデューサーさんからオーダーをいただくので、その点は気をつけています。また、漫画版オリジナルの私服を着せる際は「女の子に見えないような服装に」というお話があり、そこが『ＨＵＧっと!プリキュア』の若宮アンリとの差異かなと。ジェンダーや多様性がいろいろと議論される昨今、キャラクターの言動は慎重に描写していきたいです。

――キャラクターの服装のうち、設定にない私服はどのように決めていらっしゃいますか？

上北　オリジナルの私服を描く場合は、東映アニメーションさんへのネーム提出の際に「今回はこんな服を着せます」とラフ画を添えます。参考にするのはティーン向けファッション雑誌で、プリキュア作品にふさわしい服になるようアレンジします。黒一色の漫画原稿でも映えるような色のコーディネートも必要です。尖りすぎず、さりげないオシャレ感が出るような私服を考えるのは楽しいです。『Yes！プリキュア5』『Go！プリンセスプリキュア』では、たくさん私服を描きました。センスのいい人が着るとTシャツとデニムだけでもオシャレになるように、絵も描き方によってはオシャレにできたり野暮ったくなったりもします。アニメ業界に入った当初に塗り絵や着せ替えの版権仕事をした際、オシャレに見えるように描くことの難しさを痛感し、いろいろ模索しました。

それぞれの個性が感じられる『Go！プリンセスプリキュア』のサンタコスチューム。

『魔法つかいプリキュア！』はさまざまな宝石イメージのコスチュームが魅力。「アレキサンドライトスタイル」は魔法つかいらしさ満点！

――コスチューム面で、描いていて楽しかったシリーズや、お気に入りのプリキュアを教えてください。また、ストーリー面で印象深かったシリーズはありますか？

上北　漫画版は1回のページ数が少ないため、変身・バトルは割愛することが多いのですが、変身後の姿を描くことにやぶさかでないので、バトル無しでも変身が成り立つシチュエーションを考えて工夫しています。『キラキラ☆プリキュアアラモード』はアニマルの耳と尻尾がユニークで、楽しかったです。正統派デザインで超絶可愛いな～と思うのはキュアミラクルです。帽子をかぶった「アレキサンドライトスタイル」も、見惚れてしまいます。「魔法界」や「宇宙」など、自由度の高い舞台でおもしろい表現やエピソードが展開される作品はわくわくして好きです。

――20年続くプリキュアシリーズ、その魅力の秘密は何でしょうか？

上北　やはり変身ものであるというのが、強いのではないでしょうか。変身して自分を超越した能力を得ることは、多くの人にとっての願望です。そして、毎年リニューアルして鮮度を保っているのも飽きさせませんね。あと、私たちが個人的に魅力と感じている部分は、運命共同体のようなチームの中で育まれる〝濃い友情〟です。主人公の年齢を13～14歳に設定しているのも絶妙で、この多感な時期に共に過ごした仲間・友だち・思い出というのは、かけがえのない宝物となることが多いです。その鉄板ポイントを中心に描いているからこそ、共感を得て長寿シリーズとなったと思っています。

――今、改めて、「変身すること」というのはどんな意味があるととらえていらっしゃいますか？

上北　プリキュアには当初から、「ジェンダーフリー」や「多様性の容認」などのコンセプトが盛り込まれていましたが、時代と共にアップデートを重ねています。小さい子どもたちへのメッセージとなりますので、真剣に向き合っていかなければと、私たちも身が引き締まる思いです。「変身」とは、自分自身を輝かせるためのメソッドなのだと思います。変身することによって、自分自身を肯定し、愛することができるようになる。「自分を愛する」というのは、大人になってからのほうが難しいことのように感じますが……ずっと変身への憧れを持ち続けていきたいと思っています。

『映画ヒーリングっど♥プリキュア
ゆめのまちでキュン！っとGoGo！大変身!!』

のどかたちの私服、妖精たちの衣装は上北先生のデザイン

私服のデザインを考える際には、ティーン雑誌などを参考にします。各キャラクターが持っていそうな服、お出かけ用コーデはこんな感じかな～と、選びながらアレンジしていきます。映画では私服でのアクティブなシーンがありましたので、ややスポーティーなイメージでデザインしました。普段は服を着ていない妖精たちは、全身コーデにせずに、上着や小物のみでまとめています。漫画ではシチュエーションに合わせたオリジナルの私服を自由に描かせてもらっていますが、デザインをアニメで起用していただいたのは初めてでした！

2020-2021

ヒーリングっど♥プリキュア

キャラクターデザイン：山岡直子

自然豊かなすこやか市に引っ越してきた花寺のどかは、
地球を「お手当て」する「ヒーリングガーデン」からやってきた「ヒーリングアニマル」と出会う。
ラビリンたちは王女であるラテとともに、特別なパートナーを探していた。
地球をむしばもうと企むビョーゲンズが現れ、元気がなくなってしまったラテやみんなを守るため、
ラビリンは、心の肉球にキュン！ときたのどかとともに、花のプリキュア・キュアグレースに変身。
大切な地球、すべての生命を守るため、プリキュアはヒーリングアニマルと力を合わせ、立ち向かう！

キュアグレース

「子どもたちが好きなキャラクター」という王道回帰を目指した作品。地球の「お手当て」をするプリキュアは、地（花）・水・火（光）・風など自然界のモチーフを取り入れている。

Fashion Point

お花がモチーフのプリキュア

キュアグレースは「地」のエレメントと関わるプリキュア。スカートや髪飾りには花と葉を。イヤリングはあえて葉っぱだけのところが新鮮！

小花を散らしたようなハイライトに

当初は小花を散らしたウェディング風のアレンジもあったが、玩具化が難しい等を鑑みて、ハイライトという表現に変え、全員に入れることになった。

白衣を感じさせるジャケットデザイン

「お手当て」ということで医療従事者の服装もヒントに。パフスリーブは、ナイチンゲールなど昔のヨーロッパの看護服も参考にした。

「お手当て」するための白手袋を着用

医療服のエッセンスとして、全員が白の手袋を着用。企画時からあった白衣のイメージから、コスチュームも当初は白の分量が多かった。

Side　Back

王道の「かわいさ」を詰め込んだキャラクター

「少女マンガっぽさ」を意識した、大きな瞳やキラキラ感がポイント。王道の愛らしさを模索し、初期はリボンを多用していたが、最終的に花にシフトした。

CV. 悠木 碧さんに聞きました

パワーをもらえるキュアグレースのコトバ

“大丈夫、
私はもう、走れる！”

第1話は何度思い出しても元気が出ます。病弱だった優しい中学生の女の子が誰かのために立ち上がって走るんですから、大人の私がちょっとやそっとでへこたれていられませんよね。

キュアグレースのファッションここがスキ！

お花のモチーフがちりばめられているところがかわいいです！　特に好きなのは、髪の毛のハイライトのお花柄！　いろんな部分にキュアグレースらしさがちりばめられていて大好きです。

スタート！
プリキュアオペレーション！
エレメントレベル上昇ラビ！
キュアタッチ！

重なる二つの花
キュアグレース！（ラビ！）

Cure Grac

のどかとラビリンが変身する花のプリキュア。ビョーゲンズのせいで苦しむラテを、危険を顧みず、助けたいと言うのどかに、ラビリンの心の肉球がキュン！とした。2人は一緒にキュアグレースに変身し、地球の「お手当て」を始める。キメ技は「プリキュア・ヒーリングフラワー」。

花寺《はなでら》のどか

すこやか中学校2年生。マイペースだが、優しくて芯が強く明るく前向き。幼い頃から体が弱く、お世話になった医療従事者への感謝から、誰かの役に立ちたい思いが強い。

ヒーリングっど♥プリキュア
Healin' Good ♥ Precure

スタート！
プリキュアオペレーション！
エレメントレベル上昇ペエ！
キュアタッチ！

交わる二つの流れ キュアフォンテーヌ！（ペエ！）

ちゆとペギタンが変身する水がモチーフのプリキュア。旅館沢泉がメガビョーゲンにむしばまれ、大事な温泉や従業員、苦戦するキュアグレースの力になりたいと強く思った。ペギタンを勇気づけ、2人でキュアフォンテーヌに変身。キメ技は「プリキュア・ヒーリングストリーム」。

沢泉《さわいずみ》ちゆ

まじめで責任感の強い中学2年生。陸上部では走り高跳びで活躍し、スポーツも勉強もよくできる、しっかり者。家は温泉旅館で、母の仕事を手伝うこともある。

キュアフォンテーヌ

しっかり者で面倒見がいいお姉さんタイプ。「水」がモチーフのプリキュアとして活躍するフォンテーヌは、流動性のある水をイメージしたコスチュームに。

Fashion Point

水の流れを意識したヘアスタイル

当初はツインテール案もあったが、より水の流れが表現できる現在の形に。前髪も含め、大胆なシルエットになるよう細かく調整を重ねた。

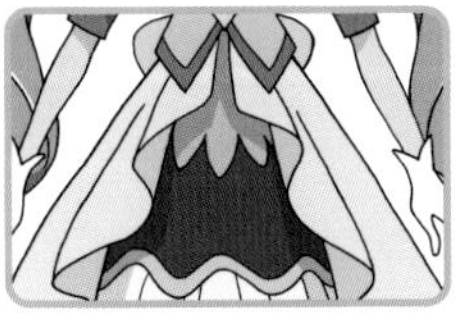

流動性のある水を異なるブルーで表現

異なるブルーを何色も使ったドレスは、姿を変えていく、水の流れのよう。相手を受け止める優しさを持つ、ちゆの性格にも通じる。

Side　Back

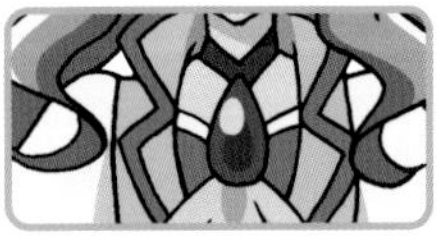

「アスクレピオスの杖」のらせんをベースに

医療のシンボルとして使われる「アスクレピオスの杖」はヒーリングステッキのモチーフになっている。全員のヘアスタイルにもらせん状の曲線が入っている。

水を表すしずくの形状

フォンテーヌの「水」のエレメントを表すのがしずくのモチーフ。ブローチやブーツの飾り、髪のハイライトも水滴をイメージしている。

清潔感があって動きやすいデザイン

露出が少なめなのはこの作品の共通項。かっちりとした襟元やサイドに流れるスカートも、お医者さんが着ている白衣のイメージから着想。

CV.依田菜津さんに聞きました

パワーをもらえるキュアフォンテーヌのコトバ

大丈夫、私がいるわ！

ちゆといえば、真っ先に思い浮かぶセリフです。一人じゃないから、なんだってできると思わせてくれます。

キュアフォンテーヌのファッションここがスキ！

ちゆのオフショルダーの私服は、おしゃれでかわいくてとってもお気に入りです！　冬服も含め、ヒープリのお洋服はみんなおしゃれだなあとずっと思っていました。

キュアスパークル

トレンドに敏感な「今どきの女の子」であるひなたは、当時の人気モデルのヘアスタイルやファッションもヒントにした。実在の人物から着想を得ることでリアリティのある人物像に。

Fashion Point

少女マンガを意識したらせんのツインテール

らせんを描くボリューミーなツインテールは少女マンガを参考に。当初はお団子寄りの案もあったが、ニャトランに合わせて猫耳スタイルに！

光を思わせるバックデザイン

光を思わせるギザギザモチーフをスカートの後ろ部分や胸元、ソックスにあしらい、「光」のプリキュアらしい華やかさや強さを演出。

3人目ならではの自由さが魅力に

3人目のプリキュアで自由度が高く、「今どきの女の子」というコンセプトで考えやすかった。最もスムーズにデザインが決まったプリキュア。

今どき感のあるポンポンを飾りに

おしゃれなスパークルは当時人気のスタイルも参考に。厚めの前髪をコテで巻いた感じや、ファーのポンポン使いでもトレンド感を出している。

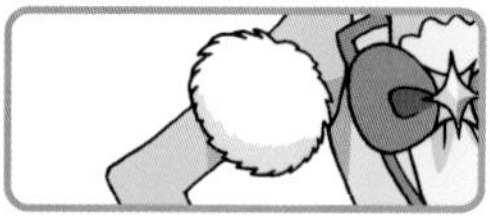

厚底シューズはスパークルならでは

初期はナースシューズ的な発想もあった足元だが、それぞれの個性を活かすことに。スパークルは「ギャルっぽさ」のある厚底シューズがぴったり！

CV.河野ひよりさんに聞きました

パワーをもらえるキュアスパークルのコトバ

“ニャトランの特別な好きを、
守ることはできる。
それがすっごく嬉しいの！”

「好き」に素直なひなたの言葉が、すごくまぶしくて大好きです！　自分の「好き」にも誰かの「好き」にも、心の肉球をキュン！とさせ続けたいです！

キュアスパークルのファッションここがスキ！

スカートの、ぽわんとした丸いデザインです！　どんな触り心地なのか気になります……！　パワーアップして衣装が豪華になっても残っていて、嬉しかったです！

ヒーリングっど♥プリキュア
Healin' Good ♥ Precure

スタート！
プリキュアオペレーション！
エレメントレベル上昇ニャ！
キュアタッチ！

溶け合う二つの光 キュアスパークル！（ニャー！）

Cure Sparkle

ひなたとニャトランが変身する光のプリキュア。敵が現れ、のどかとちゆが変身したのを見て、怖がるどころか「めちゃくちゃかわいい〜！」と大興奮。ひなたの優しさや明るさに心の肉球がキュン！としたニャトランに誘われ、2人でプリキュアに変身。キメ技は「プリキュア・ヒーリングフラッシュ」。

平光《ひらみつ》ひなた

明るくてノリが良く、誰とでもすぐに仲良くなれる。のどかとちゆとは同じクラス。流行に敏感で、おしゃれな服やコスメが大好き。家はアニマルクリニックとカフェを経営。

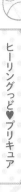

ヒーリングっど♥プリキュア
Healin' Good ♥ Precure

スタート！
プリキュアオペレーション！
エレメントレベル上昇ラテ！
キュアタッチ！

時を経て繋がる二つの風
キュアアース！（ワン！）

風鈴《ふうりん》アスミ

地球の精霊のような存在で、ラテを守るのが使命。人間の生活に戸惑うが、のどかたちと過ごすうちに、「かわいい」などさまざまな感覚や感情を知っていく。

アスミとラテが変身する風のプリキュア。ラテのピンチに地球が生み出した精霊のような存在で、ヒーリングガーデンにラテを連れ帰ろうとしたが、ラテの希望を叶え、一緒に地球の「お手当て」をすると決めた。キメ技は「プリキュア・ヒーリングハリケーン」。

キュアアース

最後に登場するプリキュアで、「風」のイメージを持つキュアアース。実は地球のパワーで生まれた精霊のような存在なので、ミステリアスでふわっとした人物像を模索した。

Side

Back

Fashion Point

ギリシャ神話の女神をイメージ

額にストーンが輝くサークレットは、作画の際に消えないようやや太めに。変身前のアスミには、サングラスにスカーフを真知子巻きする案や黒髪案もあったが、大人っぽすぎると見送った。

風に乗って飛ぶ鳥のような羽モチーフ

風のプリキュアで、風に乗って自由に空を飛ぶ鳥の羽をモチーフに。ウエストにあしらうことで、全体的に軽やかながら、神秘的な印象に。

ロング手袋で特別な存在感を

他の３人とは少し違うプリキュアなので、白手袋もロングタイプのものに。手の甲部分にあしらったハートのモチーフはみんなとおそろい。

ふんわりと風を感じるアシンメトリースカート

マーメイドスカート案もあったが、より風を感じさせるデザインに。非対称につけた足輪（脚の輪っか）やアンクレットで重さのバランスを調整。

パープルとゴールドで高貴なイメージに

本当はオーロラのようにキラキラした感じに見せたかったが難しく、パープルに。胸元のブローチのセンターには地球モチーフを配置した。

CV.三森すずこさんに聞きました

パワーをもらえるキュアアースのコトバ

“一人じゃ難しくても、
みんなで手を取り合って、
諦めずに、闘い続けます！”

クライマックスの闘いで、4人で言ったセリフです。隣に仲間がいたからこそ、頑張れました！　これからも自分を鼓舞してくれるセリフです。

キュアアースのファッションここがスキ！

アシンメトリーなロングのフレアスカートがスキです♪
スリットが入っているのでエレガントな動きをしてくれて、華麗な技の時にもとても素敵でした。頭についている羽やリボンもかわいかったです。

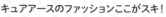

Special interview 4

キャラクターデザイナー
中谷友紀子 × 村瀬亜季
プロデューサー

プリキュアキャラクターデザイナー＆プロデューサークロストーク

メインとなるプリキュアのイメージカラーに白を基調としたレインボーカラーを取り入れ、新たなプリキュア像を提示した『トロピカル～ジュ！プリキュア』。キャラクターデザインを務めた中谷友紀子さん、プロデューサーの村瀬亜季さんにお話を聞きました。

人間と人間以外が共生する世界

――まず、おふたりの略歴とプリキュアとの関わりをお聞かせください。

中谷友紀子さん（以下敬称略） 私はアニメーターとして東映作品に関わることが多く、過去にはプリキュアの玩具CMの原画の仕事をしたこともありました。そして2014年に、当時のプリキュアのプロデューサーさんに声をかけていただき、『Go！プリンセスプリキュア』のキャラクターデザインのコンペに参加しました。それが本格的というか、大きな関わりになりますね。

村瀬亜季さん（以下敬称略） 私は2016年の入社時からずっとプリキュア作品に関わらせていただいております。就職活動をしていた年が、まさに中谷さんが担当された『Go！プリンセスプリキュア』が放送されていた2015年で、入社した年が『魔法つかいプリキュア！』の放送。まずそこでアシスタントプロデューサーを担当させていただいたことが、プリキュアとの関わりの最初です。その後、企画や制作の現場などでいろいろ勉強させていただき、今に至っています。

中谷 『Go！プリ』から、気がつけば8年も経っていてびっくりです。

村瀬 はい。私は『Go！プリンセスプリキュア』を拝見してから、中谷さんのキャラクターデザインが大好きだったので、いつかお仕事でご一緒できたらと思っていて。その後、『トロピカル～ジュ！プリキュア』の企画が立ち上がり、作品の世界観が決まっていく中、「人間と人間以外の存在が共生する世界」を生き生きと、子どもたちに受け入れられる形で表現できるのは、中谷さんなのではないか……と思い、「ぜひコンペに参加してほしい」とお願いしました。

常夏、海のイメージからセーラー服を発想

――キャラクターデザインはどのように決定されたのでしょうか。

中谷 『Go！プリンセスプリキュア』のときは、玩具メーカーさんから「こんな要素を入れてほしい」というラフをいただいていたのですが、『トロプリ』は文字情報だけで。「どうしよう!?」というところから始まりました。

村瀬 作品によって少しずつ違うんですよね。そのときは、デザイナーさんに自由に発想していただけるよう文字情報のみという形にさせていただきました。「常夏の島や海が舞台」「主人公は明るくやる気いっぱいの女の子」「イメージカラーは白が基調で、全体はトロピカルカラー」「チャームポイントはリップ」……大きく決まっていたのはこれくらいかと。

中谷 そうでしたね。まずは、海と言えばセーラー服かなと。それから、キュアサマーのデザインには「ハイビスカスを使おう」というアイディアはすぐに浮かびました。

村瀬 コンペでは、キュアサマー／まなつと、キュアラメール／ローラのデザインを出していただきましたね。

中谷 はい。キュアラメールのイメージもすぐに浮かんで、コンペで出したものがほぼそのまま採用になった印象です。もちろん細かな修正はありましたが。

村瀬 人魚モチーフは『Go！プリ』にも出てきましたよね。

中谷 はい。ただ、性格が違うので、違うものになりました。

村瀬 キュアサマーはなかなか髪型まわりが決まらなかったことも思い

中谷さんが描いたキュアサマーの設定画。初期はヘアカラーがオールピンクの案もあったという。白を基調にレインボーカラーを配したカラーデザインが今までになく新鮮！

出です。

中谷　そうでしたね。ポニーテールを考えたりもしたのですが、最終的にはサイドテールに。プリキュアは「シルエットでその子だとわかることが大切」という持論があるので、シルエットの決め手となる髪型は本当に悩みどころで……。あとはカラーリングも悩みましたね。

村瀬　キュアサマーのコスチュームは、最初はもっと全体的に白っぽかったのですが、他のプリキュアとのバランスもあって、レインボーの要素を強くし、華やかに見えるようにしました。「統一感」ということでは、プリキュア全員のコスチュームにセーラー服のモチーフを入れているんですよね。

中谷　はい。学校生活が舞台ということでしたので。それぞれちょっとずつ襟の形などが違っています。

監督のコンテの面白さを活かしたかった

――『トロプリ』の世界はどのように作られていったのでしょうか。

村瀬　『トロプリ』に関しては、初めからシリーズディレクターの土田《つちだ》（豊《ゆたか》）監督の中に世界観がある感じでしたね。言語化するのが難しいのですが、ちょっと想像の斜め上をいくというか（笑）。

中谷　コミカルな感じ（笑）。

村瀬　そう。ただ、言葉で説明してくださるというよりは、コンテやメモで表現するという方で。

中谷　私たちはそれを見て、「あ、こんなふうに考えられていたんだ」とわかるんですよね。

村瀬　「これくらいまでやっちゃっていいんだ」みたいなこととか。

中谷　そう！　とても自由な表現が許される作品だな、と思ったことを覚えています。コンテが本当に面白くて！　それだけで笑っちゃうようなコンテなんですよね。

村瀬　そうなんです！

中谷　だから、そのニュアンスをなるべく活かせるように私たちは作業していくという感じで。

村瀬　特に表情にはすごく気をつけて描かれていたんじゃないかな。キャラクターがどこにいるか、という立ち位置だけでなく、こんな表情をして、みたいなところまで丁寧に作られていましたね。

――子どもたちの反響があったエピソードはありますか。

中谷　第1話の放送で、ローラが穴にはまって抜けられなくなってしまうところでは、子どもたちはみんな笑っていた印象です。

村瀬　そうですね。ただこれ、結果オーライなので良かったのですが、最初にコンテを見たときはドキドキして。プロデューサーという立場からしたら、ローラは子どもたちに憧れてもらいたいキャラクターだったので、「これでいいんだっけ？」という葛藤はありました（笑）。

中谷　あはは。作るほうは真剣ですよね。毎週しっかり打ち合わせもしていましたし。

村瀬　はい！　私は大好きな中谷さんに毎週お会いできるのが嬉しかったのですが（笑）、大変でしたよね。『トロプリ』はコミカルで明るい作品ではあるのですが、制作チームはとても真面目というか、ロジカルに「これはこうだから、こうするべきでは？」と考えて考えて……考え抜く人たちだったので、そこには苦労がありました。

徹底して「何もしない」くるるんが愛おしい！

中谷　私が忘れてほしくないのは海の妖精の「くるるん」です！

村瀬　中谷さんはくるるんが大好き

なんだろうなと思っていました（笑）。子どもたちからの反響も大きくて、スタッフの間でも人気のキャラクターだったのですが、とにかく何もしない子でした（笑）。
中谷　そう。潔いくらいに（笑）。
村瀬　監督が「とにかく何もさせない」ということを徹底されていたキャラクターだと思います。主人公まなつをサポートするのはローラの役目だったので、くるるんはやることがないんですよね。だから脚本でもうっかり忘れられてしまったり（笑）。
中谷　他に意識することがたくさんありますからね（笑）。でも、声優さんの声もかわいかったんですよ！
村瀬　わかります（笑）。思った以上に存在感のある子に育ちました。

人魚の女王さまのペットで、アザラシによく似た姿の海の妖精。のんびりやでマイペース。声優を務めたのは田中あいみさん。

劇場で子どもたちの声を聞いて感激しました

――子どもたちやファンのみなさんに伝えたいことはありますか。

村瀬　2022年に『トロプリ』を含むプリキュアのショートムービーを映画館で公開したんです。その中で、キュアサマーが登場したとき、観ていた子どもたちが口々に「キュアサマーだ！」と反応してくれて……。『トロピカル～ジュ！プリキュア』はコロナ禍での放送だったので、キャラクターのイベントや劇場公開があっても声は出せないという状態が続いていたんです。コロナ前は、「声を出して、プリキュアを応援してね！」ということもありましたが、それもできなくて。だから、「劇場で声を出す」ということをほとんど経験していない子どもたちだったはずなのに、みんなが自然に「サマーだ！」って声を出してくれたことが嬉しくて。
中谷　「頑張れ！」とかでもなく、キャラクターの名前というところがすごいですよね。
村瀬　はい。放送が終わって時間も経っていたのに……。これはキャラクターのパワーだと思いました。とても感激しました。

――中谷さんからはありますか。

中谷　キャラクターデザインは、「作品の世界観を表現したものである」ということが大前提であり、決して単体で存在するものではないと思っています。世界観や物語があってこそ生まれるものだし、輝く存在なので、とにかく監督が目指す世界観をキャラクターに落とし込むことに尽力しました。『トロプリ』に関しては、一貫してコミカルで楽しい雰囲気を目指したので、少しでもそれが伝わっていたらいいなと思っていました。ただ、なかなかそのリアクションを肌で感じる機会がなくて。ようやく、『全プリキュア展～20th Anniversary Memories～』のタイミングで、実際にたくさんのプリキュアファンの方を目の当たりにして「すごい！」って圧倒されました。みなさんそれぞれ、自分の思い入れのあるプリキュアの前で立ち止まって、じっくり見入っていて……。その姿を見たら、「プリキュアは、本当にたくさんの人の人生に刻み込まれているんだな」と感じました。それはプリキュアに携わる仕事をする者にとって、この上なく嬉しいこと。みなさんが愛するプリキュアに関われたことが幸せです。

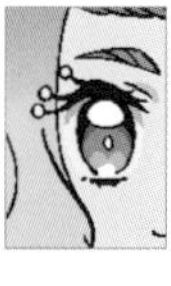
ローラが変身するキュアラメールの設定画。パールをイメージした球状の飾りは、髪の毛のほかまつげの先にも！

Profile

中谷友紀子
（なかたに ゆきこ）
アニメーター。『Go！プリンセスプリキュア』『トロピカル～ジュ！プリキュア』でキャラクターデザインを担当。『Yes！プリキュア5GoGo！』時、玩具のCM動画の原画を担当したのが最初の関わり。

村瀬亜季
（むらせ あき）
2016年東映アニメーション入社。『魔法つかいプリキュア！』『HUGっと！プリキュア』や劇場作品でアシスタントプロデューサーを務めたのち、『映画スター☆トゥインクルプリキュア　星のうたに想いをこめて』で初めてプロデューサーを担当。『トロピカル～ジュ！プリキュア』でテレビシリーズのプロデューサーに。

2021-2022

トロピカル～ジュ！プリキュア

キャラクターデザイン：中谷友紀子

都会の中学校に通うため、南乃島から引っ越してきた夏海まなつは、海辺で人魚のローラと出会う。
人魚の国・グランオーシャンでは、あとまわしの魔女に人々のやる気パワーを奪われてしまい、
ローラは世界を救う伝説の戦士・プリキュアを探すため、地上にやってきたのだった。
ローラを助けようと、まなつはキュアサマーに変身。「今いちばん大事なことをやろう！」をモットーに、
プリキュアも学校も部活も、めいっぱいトロピカる！

Cure Summer

プリキュア！ トロピカルチェンジ！
ときめく常夏！
キュアサマー！

夏海《なつうみ》まなつ

南乃島育ちで元気とやる気が溢れる、あおぞら中学校1年生。今いちばん大事なことをやるのがモットーで、仲間たちとトロピカる部を結成。口癖は「トロピカってる〜！」

まなつが変身する「リップ」がチャームポイントのプリキュア。ヤラネーダに捕まったローラを助けに向かい、「何が大事かは自分で決める！」と叫ぶと、指にハートクルリングが現れ、キュアサマーに変身。決め技は「プリキュア！　おてんとサマーストライク！」。

キュアサマー

「トロピカル」や「コスメ」など新鮮なキーワードが並んだ作品。やる気いっぱいでパワフルなキュアサマーは、白とレインボーカラーで表現している。

変身後はリップがチャームポイント

トロピカルパクトでメイクしながら変身するため、変身後は薄くメイクしている。リップがチャームポイントのサマーは唇が薄いピンクカラーに。

白をベースにしつつカラフルな色をプラス

サマーは白をベースにしつつ、入れられる場所にはすべてカラーを入れて鮮やかに。どんなことにもやる気いっぱいの、好奇心旺盛なサマーの性格ともリンク。

サンダル風のレースアップデザイン

海が舞台なので、足元も軽く。サンダルのように肌が見えるデザインにしつつ、厚底で戦いやすさも意識。ソール部分は2色にして華やかに。

ハイビスカスとカラーでサマーの個性を表現

ピンク1色や金髪案もあったが魅力が表現しきれず、ピンクとイエローのグラデーションにしたところ、一気にサマーらしくなった。ハイビスカスも彼女らしいポイントに。

海から発想したセーラー服がベース

海から発想したセーラー服をキャラクターに合わせてアレンジ。サマーは波型のセーラーカラーとシースルー素材でポップに仕上げている。

CV.ファイルーズあいさんに聞きました

パワーをもらえるキュアサマーのコトバ

“何が大事かは
自分で決める！”

対人関係において悩みが生まれた時や、自分の「好き」に対する気持ちに蓋をしそうになる時に、とても励まされます。これからも、自分が今いちばん大事だと思ったことに全力で向き合っていきます！

キュアサマーのファッションここがスキ！

キャラクター一人一人が、誰かのためでなく自分のためにファッションを楽しんでいるので、見ていてとても勇気づけられます。あと、小さいトロピカルパクトキャリーから変身アイテムを取り出すのもワクワクします！

キュアコーラル

気遣い上手で、ファッションにもコスメにも詳しいキュアコーラル。「おしゃれな子」という設定だったので、当時のローティーン向けのファッション誌も参考に。

Fashion Point

変身後はチークがチャームポイント

メイクのチャームポイントはチーク。チークは、ほっぺたのハートマークで表現され、キャラクターのかわいらしさをぐんとアップさせている。

プリキュアでは珍しい帽子スタイル

実はもっと大きかったというセーラーハット。ひとまわり小さくしたことでおしゃれ感がアップ。ストライプのリボンにサンゴを飾って。

まるでドレスのようなシルエット

コルセットのような上半身にふんわり広がるスカートは、ドレスっぽい雰囲気。セーラー服の要素もキープしつつロマンチックに。

大きなリボンはおしゃれへの決意

大きなツインテールに、毛先にいくほど巨大になる髪飾りのリボンは、「自分の意志でおしゃれしている」という強い気持ちの表れ。

前上がりのスカートにハイソックスで清楚に

前上がりのスカートは脚が出るので、ハイソックスでカバー。パンプスに合わせるコーディネートでガーリーなスタイルに寄せている。

Side　Back

CV.花守ゆみりさんに聞きました

パワーをもらえるキュアコーラルのコトバ

“私は私を信じる！
だって、これが
私のかわいいだから！”

キュアコーラルのファッションここがスキ！

リボンがついたセーラーハット！　かわいいコスチュームのアクセントになっていて、大好きです！　かわいい！

トロピカル～ジュ！プリキュア
Tropical-Rouge! Precure

プリキュア！ トロピカルチェンジ！
きらめく宝石！ キュアコーラル！

Cure Coral

さんごが変身する「チーク」がチャームポイントのプリキュア。やりたいことを迷わずできるまなつを羨ましく思うが、ピンチのキュアサマーとローラを見て、自分を信じ、もう逃げないと決意して変身。決め技は「プリキュア！ もこもこコーラルディフュージョン！」。

涼村《すずむら》さんご

かわいいものが大好きな中学1年生。家がコスメショップなのでメイクに詳しい。仲間からよい影響を受け、自分が思う「かわいい」に自信が持てるようになる。

トロピカル～ジュ！プリキュア
Tropical-Rouge! Precure

みのりが変身する「アイズ」がチャームポイントのプリキュア。キュアサマーたちを助けたいが、自分には無理と決めつけてしまう。ローラに背中を押され、勇気を出してキュアパパイアに変身。決め技は「プリキュア！　ぱんぱかパパイアショット！」。

プリキュア！　トロピカルチェンジ！
ひらめく果実《フルーツ》！
キュアパパイア！

一之瀬《いちのせ》みのり

読書家で成績優秀な中学2年生。物静かでポーカーフェイス、そして洞察力が鋭い。幼い頃から人魚姫の物語が好きで、人魚のローラと出会って感激した。

Cure Papaya

キュアパパイア

成績優秀で、本を読むのが大好きなみのり。ふだんはあまり感情を表に出さない分、変身後のギャップは大きめに、意識的に華やかにデザインしている。

パパイアのような丸みのあるアップヘア

変身前のマッシュルームカットをベースに、全体のボリュームをアップ。パパイアのような丸みをつけつつ、蝶やフルーツの飾りをプラス。

カラーマスカラでトロピカルメイク

パパイアはアイメイクがチャームポイント。海を思わせるブルーのマスカラが、コスチュームのイエローに映える。変身後は表情も豊か!

パパイアをイメージしたバルーン型

パパイアそのもののような丸みのあるバルーンシルエット。初めはややシンプルだったものに、女の子が好きなフリルやリボンを加えている。

南国っぽいフルーツつながりのアクセサリー

髪飾りとリンクしたカラーを使って顔まわりを華やかに。南国っぽいフルーツ仲間であるキウイのモチーフをイヤリングにし、トロピカル度をアップ。

胸元の貝殻モチーフは統一デザイン

セーラー服のアレンジである点はパパイアも同様。スクエアな襟デザインが真面目な性格を反映している。貝殻モチーフは全員の共通項。

CV. 石川由依さんに聞きました

パワーをもらえるキュアパパイアのコトバ

"今、いちばん大事なことだから!!"

「トロプリ」が一年を通して伝えてきたこと。この言葉は、今も私の心に刻まれています。

キュアパパイアのファッションここがスキ!

ルーズソックスを履いているお姉さんに憧れた世代なので、初めてパパイアを見た時は、ルーズソックスのような足元にすっごくときめきました! ビームも出せるカットフルーツのようなイヤリングも最高です!

キュアフラミンゴ

面倒見のよいお姉さんであり、スポーツ万能でテニス部に所属していたあすか。キュアフラミンゴのスコート風デザインのスカートにはそんな名残も感じられる。

チャームポイントは ヘアデザイン

チャームポイントはヘアー。赤毛のベースに対比色であるグリーンメッシュを入れ、毛先も遊ばせて大胆に動きを出した。

形を変えてちりばめた 羽飾りにも注目

オフショルダーの袖や髪飾り、片方だけのイヤリングにさまざまな羽モチーフをあしらっている。配色や形が少しずつ違うところが個性的。

非対称なデザインは 片足で立つフラミンゴ

片足で立つフラミンゴをイメージしているため、左右非対称なデザインに。南国の鳥らしい華やかさを差し色のグリーンやイエローで表現。

トロピカルパクトキャリー は全員おそろい！

変身アイテムを収納するキャリーだけは、形も色も全員おそろい！ よく見ると、ポーチの背面についたリボンの色が少しずつ違っている。

「お姉さん感」のある 網タイツ

スカート丈的にはニーハイブーツやソックスもありだが、年上のお姉さん感を出すため、あえて網タイツに。かわいいの可能性が広がった。

CV.瀬戸麻沙美さんに聞きました

パワーをもらえるキュアフラミンゴのコトバ

“ビクトリー！”

戦いの後、笑顔でビクトリーポーズをする姿！ これぞ「トロプリ」！

キュアフラミンゴのファッションここがスキ！

羽のモチーフがたくさん施されているところ！ 特に髪飾りとオフショルダーのデザインが好きです。

プリキュア！
トロピカルチェンジ！
はためく翼！
キュアフラミンゴ！

Cure Flamingo

滝沢《たきざわ》あすか

正義感が強く、運動神経抜群な中学3年生。面倒見がよく、料理が得意。まなつたちとの関わりにより、人への信頼やテニスへの情熱を取り戻す。

あすかが変身する「ヘアー」がチャームポイントのプリキュア。仲間なんかいらないとプリキュアの誘いを断っていたが、戦う後輩たちを守りたいと思い、自分からプリキュアになることを決めた。決め技は「プリキュア！　ぶっとびフラミンゴスマッシュ！」。

トロピカル～ジュ！プリキュア
Tropical-Rouge! Precure

プリキュア！　トロピカルチェンジ！
ゆらめく大海原《オーシャン》！
キュアラメール！

Cure La Mer

ローラが変身する「ネイル」がチャームポイントのプリキュア。あとまわしの魔女の屋敷から脱出した際、大事な仲間たちが傷つけられていると知り、怒りがこみ上げる。ローラの想いにマーメイドアクアパクトが反応して変身。決め技は「プリキュア！　くるくるラメールストリーム！」。

人間の姿

ローラ

自信家な人魚の女の子。夢はグランオーシャンの次期女王。
まなつたちと一緒にいたいと願い、人間の姿になる。
本名はローラ・アポロドーロス・ヒュギーヌス・ラメール。

キュアラメール

人魚の国・グランオーシャンの次期女王になるという夢を持つキュアラメール。気が強く自信満々な表情を、やや短めの前髪で印象的に引き立てている。

Fashion Point

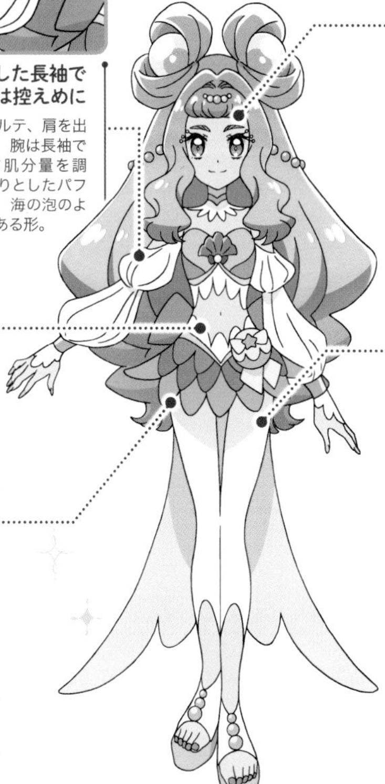

ふんわりした長袖で腕の露出は控えめに

お腹やデコルテ、肩を出している分、腕は長袖でカバーして肌分量を調整。ふんわりとしたパフスリーブは、海の泡のような丸みのある形。

眉上でカットした前髪がキュート

厚い前髪を短めにカットしたスタイルは、昔の「オリーブ少女」のようなイメージ。グラデーションヘアには大小のパールを飾って人魚っぽく。

お腹を出したビスチェスタイル

海の世界から来たラメールは、セーラー服ではなく、水着っぽさもあるビスチェデザインに。胸元の貝殻の飾りだけはおそろい。

白レギンスで人魚が手に入れた足を強調

ラメールは人魚からプリキュアになったので、足元は人魚と人間、両方を意識。白のレギンスはつま先までつながり、靴と一体化している。

スカートは大きなうろこを重ねて表現

人魚といえばのうろこモチーフ。1色ではなく、同系色のカラーを何色も重ねることで、今までにない色のプリキュアを印象づけている。

CV.日高里菜さんに聞きました

パワーをもらえるキュアラメールのコトバ

私の願いは、私が叶える！

夢や目標に向かって全力で頑張り続けるローラの姿はカッコよく、憧れの存在です。初めてプリキュアになる回で放ったこのセリフは特に印象に残っていて、パワーをもらえる大事なコトバになりました。

キュアラメールのファッションここがスキ！

ヘアスタイルもファッションの一部♪人魚らしい真珠のアクセサリーと、ピンクとブルーのグラデーションの髪色がとってもキレイで大好きです！

Column 12

変身プリチューム⑤

メインプリキュアのカラーに、レインボーやブルーが登場。キャラクター性により、デザインの幅もどんどん広がっている変身プリチューム。

スター☆トゥインクルプリキュア
キュアスター

キュアスターは、桜の花など春のイメージも盛り込まれている。背中の大きなリボンも付属し、変身アイテム玩具を胸元にセットできる。キュアコスモは尻尾もしっかり再現。キュアミルキーの触角は、カチューシャから垂れるイヤリング風にアレンジし、アクセサリーセットとして商品化した。

ヒーリングっど♥プリキュア
キュアグレース

ジャケットは医療従事者の白衣などから着想したもの。胸元の、キャラクターごとのモチーフがアクセントになっている。アニメの設定通り、ジャケットの襟が立てられるようになっていて、可憐で大人っぽいコスチュームとして人気。

2019-2020

2020-2021

2021-2022

2022-2023

2023-2024

トロピカル～ジュ！プリキュア
キュアサマー

白をベースにカラフルな色がちりばめられている。襟、スカート、アームカバーのリボンの濃淡3色のピンクも再現され、ピンクとエメラルドグリーンの色合わせがとてもおしゃれ。腰のチュールをひろげると、「ミックストロピカルスタイル」も楽しめる。

デリシャスパーティ♡プリキュア
キュアプレシャス

「食」というコンセプトに沿って、4人ともにエプロンがついている。スカート部分のシルエットがそれぞれ異なり個性的で、細やかなレース素材が美しい。キュアフィナーレのヘアが金平糖で飾られていることから、金平糖のお菓子を商品化し、玩具売り場でも展開した。

ひろがるスカイ！プリキュア
キュアスカイ

メインプリキュアで、テーマカラーが初のブルーとなった今シリーズ。リボンやスカート部分のチュールのピンク色はパステル系でかわいさも抜群。マントを再現するにあたり、安全基準を考慮してサイズ感を工夫した。かっこよさとかわいさを兼ね備えるコスチュームとなった。

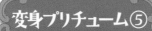

2022-2023

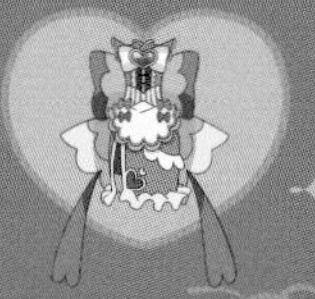

デリシャスパーティ♡プリキュア

キャラクターデザイン：油布京子

世界中のおいしいごはんが集まる街、おいしーなタウンに住む、食べることが大好きな中学生・和実ゆいのもとに、
お料理をつかさどる世界・クッキングダムからローズマリーと「エナジー妖精」たちがやってきた。
すべてのお料理を独占しようと企む怪盗ブンドル団に盗まれた、「レシピボン」を探しているという。
奪われたお料理の妖精「レシピッピ」やみんなを守るため、
ゆいはコメコメのエナジーを分けてもらい、キュアプレシャスに変身。
みんなのおいしい笑顔を守るため、仲間たちと心をひとつに、力を分け合い立ち向かう。

キュアプレシャス

「ごはん」をモチーフにした作品。キュアプレシャスは「和」のイメージのプリキュア。プリキュアらしいコスチュームの中に、いかに和のテイストを盛り込むかに苦労した。

Fashion Point

お茶わんに盛られた梅干しごはんのイメージ

髪飾りは当初はお茶わんに盛られた「梅干しごはん」をイメージした形だったが、少々直接的すぎるかも、と現在のお花型に。おむすび由来の△形状がモチーフのプレシャスは、スカート等、細やかに△をあしらっている。

着物を思わせるシルエット

襟元の合わせ部分や、オーバースカートは着物のようなシルエットを意識したライン。ひと味違うアプローチにした。

足袋をイメージしたブーツデザイン

プリキュアらしさと和のテイストのバランスに悩んだ結果出てきた案。足袋デザインでありつつ、配色や飾りでプレシャスらしさを出している。

「丸ぐけ」のような和風のリボン

もとは普通のリボンだったが、他のプリキュアとの差別化のため、布で綿などを棒状に包んだ、帯締めの「丸ぐけ」のような和風のあしらいに。

プリキュアらしさと新しさを追求

今までのプリキュアらしさとともに、新しい風を吹かせたいという意図があった。試行錯誤しつつ、多色使いのポップな世界観ができあがった。

CV. 菱川花菜さんに聞きました

パワーをもらえるキュアプレシャスのコトバ

“ ありがとうは、
心のあつあつごはん ”

感謝の気持ちを持つと心があったかくなる、という意味が込められている、プレシャスの大事な言葉です。このプレシャスらしい「あつあつごはん」という表現が大好きで、あたたかい気持ちがまっすぐ伝わってきます。

キュアプレシャスのファッションここがスキ！

乙女チックなデザインがたくさんあるところが大好きです！　プレシャスの、ピンクとハートとリボンが詰まっているファッションはいつ見てもときめきが止まりません‼　着物を意識したデザインと足袋のようなブーツもかわいくて大好きです……‼　プリキュアのそれぞれのモチーフがちりばめられているところが素敵ですよね。

デリシャスパーティ♡プリキュア
Delicious Party♡Precure

ア・デリシャスタンバイ！
パーティ・ゴー！
シェアリンエナジー！（コメー！）

あつあつごはんで、
みなぎるパワー！
キュアプレシャス！

おいしい笑顔で
満たしてあげる！

Cure Precious

和実《なごみ》ゆい

しんせん中学校2年生。運動神経抜群で食べることが大好き。おうちは定食屋さん「なごみ亭」。祖母の「ごはんは笑顔」という言葉を大切にしている。口癖は「デリシャスマイル〜！」。

ゆいが変身するプリキュア。ローズマリーとエナジー妖精のコメコメと出会い、仲良くなったゆいは、ブンドル団からお料理の妖精レシピッピを守るため、コメコメに力を分けてもらい、キュアプレシャスに変身。キメ技は「プリキュア！ デリシャスプレシャス・ヒート！」。

プリキュア・デリシャスタンバイ！
パーティ・ゴー！
シェアリンエナジー！（ティスティ！）
ふわふわサンドde心にスパイス！
キュアスパイシー！

分け合うおいしさ、
焼きつけるわ！

ここねが変身するプリキュア。ゆいがキュアプレシャスになって戦うのを目の当たりにし、自分もゆいと一緒に大切な場所を守りたいと強く思った。パムパムに力を分けてもらい、キュアスパイシーに変身。キメ技は「プリキュア！デリシャススパイシー・ベイキン！」。

芙《ふ》羽《わ》ここね

見た目はクールな中学2年生。実はカワイイものが好きで、おしゃれ。1人でいることに慣れていたが、ゆいと仲良くなり、友達との時間も好きになる。おうちは「レストラン・デュ・ラク」を経営。

キュアスパイシー

パンが大好きなここねが変身する、「洋」のイメージのプリキュア。キュアスパイシーはお嬢様であるバックグラウンドと、パンをイメージした丸い形状を中心にデザインした。本作で最もスムーズにできあがったプリキュア。

Fashion Point

パンをイメージしたポンポンヘア

お団子を連ねたようなポンポンヘアはパンから発想したもの。頭のリボンの中央の飾りの柄や、スカートにあしらった丸い模様もパンのイメージ。

ツートンカラーで今どきのポップ感を

おしゃれやメイクが大好きなここねが変身するスパイシーは、顔まわりに髪を残したポニーテールヘアに。ピンクのメッシュを入れて今っぽい華やかさを加味。

コックさんのようなディテールをプラス

フロントのボタン使いやスカーフのデザインに、コックさんや洋食屋さんの制服のような雰囲気を採用。デコルテや腕の肌見せで抜け感も加えた。

シルエットバランスは背中のリボンで調整

背中のリボンは全員共通の要素。スパイシーはスカートのデザインがシンプルなため、リボンの大きさでシルエットのバランスを調整している。

全員共通のエプロンはそれぞれ配色違いに

「ごはん」がモチーフのこの作品は、エプロンが共通デザイン。初期案ではやや大きかったが、最終的には装飾の一部のように小さめにアレンジ。

Side Back

CV.清水理沙さんに聞きました

パワーをもらえるキュアスパイシーのコトバ

分け合うおいしさ、焼きつけるわ！

人と喜びやおいしさを分かち合う幸せを知ったここねが、スパイシーに変身する時のキメゼリフです。収録現場でこのセリフを言うたびに、私自身もパワーをもらっていました！

キュアスパイシーのファッションここがスキ！

パフスリーブの部分です。穴が空いているデザインで、おしゃれが大好きなスパイシーらしさが出ていると思います。他にもアシンメトリーのスカートや、ブルーとピンク色のドーナツ型の髪型もお気に入りです。

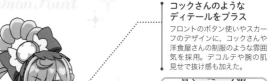

キュアヤムヤム

食べることとおしゃべりが大好きならんが変身するキュアヤムヤムは、最も試行錯誤したプリキュア。和洋中のお料理の中で「中華」をイメージし、「ラーメン」等から発想していった。

Fashion Point

黄色をベースにカラフルな色合い

黄色がイメージカラーだが、最終的にはオレンジやグリーン、赤も入るなどカラフルに。冷やし中華のような色合いが今までになく新鮮！

チャイナドレス風のディテールを愛らしくアレンジ

チャイナドレス風の要素を直接的に取り入れつつ、プリキュアらしくフリルやハートでアレンジ。ウエストのストライプ柄はヤムヤムの形状モチーフ「ライン」を表現。麺が由来。

シリーズ初のタイトスカート

バルーンスカート案もあったが、過去作との重複や、子どもが憧れる大人っぽさを考えてタイトスカートに。フリルで可愛らしさも忘れずに。

パンダのように見えるキュートなヘアアレンジ

初期案は地毛のお団子のみだったが、どんぶり風のミニ帽子を追加し華やかに。ミニ帽子はメンメンのどんぶりとおそろいの配色。ほつれ毛も麺を表している。

小柄なヤムヤムはハイヒールで大人っぽく

ヤムヤムはやや小柄で可愛らしいイメージなので、変身後は大人っぽさを意識。足元も、ブーツではなくハイヒールのパンプスでお姉さんっぽさを強めている。

CV. 井口裕香さんに聞きました

パワーをもらえるキュアヤムヤムのコトバ

“はにゃ～！”

ヤムヤムの口癖は本当にかわいい！　ゆいの「デリシャスマイル～！」も、みんなでおいしいものをシェアして、ハッピーな気持ちになれる大好きな言葉です！

キュアヤムヤムのファッションここがスキ！

キュアヤムヤムのツインお団子頭！　チャイナドレスっぽいお洋服！　みんなとおそろいのハートとリボンのモチーフ！　どれも本当に本当にかわいいです！　そして極めつきは！　目と、髪の毛のハート型ハイライト！♡　これは、本当に、すごい、かわいい。キャラデザの油布さん、天才ですっっっ！

デリシャスパーティ♡プリキュア
Delicious Party♡Precure

プリキュア・デリシャスタンバイ！
パーティ・ゴー！
シェアリンエナジー！（ワンターン！）
きらめくヌードル・エモーション！
キュアヤムヤム！

おいしいの独り占め、
ゆるさないよ！

らんが変身するプリキュア。レシピッピが奪われてお店のラーメンの味が変わってしまったことに怒り心頭のらんは、「うちの味、返して!!」と、ジェントルーに立ち向かい、メンメンに力を分けてもらいキュアヤムヤムに変身。キメ技は「プリキュア！ デリシャスヤムヤム・ドレイン！」。

華満《はなみち》らん

よくしゃべり、明るく個性的な中学2年生。食べ物への好奇心が旺盛で、アツい情熱をこめ「キュアスタ」においしいお料理の情報を投稿している。おうちは「ぱんだ軒」というラーメン屋さん。

デリシャスパーティ♡プリキュア
Delicious Party♡Precure

プリキュア・デリシャスタンバイ！
パーティ・ゴー！
シェアリンエナジー！
ジェントルにゴージャスに、
咲き誇るスウィートネス！
キュアフィナーレ！

食卓の最後を、
このわたしが飾ろう

Cure Finale

あまねが変身するプリキュア。心を操作されてしまい、怪盗ブンドル団の一員・ジェントルーだったが、キュアプレシャスたちに浄化され救われた。過去に悩むが、みんなを笑顔にするためキュアフィナーレに変身。キメ技は「プリキュア！　デリシャスフィナーレ・ファンファーレ！」。

ジェントルー

菓彩《かさい》あまね

しんせん中学校の生徒会長を務める、しっかり者の3年生。正義感が強く、文武両道で空手を習っている。おうちはフルーツパーラーを経営しており、おはぎとパフェが好き。

キュアフィナーレ

面倒見がよく、しっかり者の生徒会長。葛藤を乗り越えて変身するフィナーレは、ウェディングケーキのような「ゴージャス感」や、ちょっと日本人離れしたイメージをもとにデザインを進めた。

Fashion Point

共通のハートモチーフはティアラ部分に

ひとりだけ変身方法が異なるプリキュアなので、他の3人は胸元につけているハートモチーフがフィナーレはティアラ部分についている。

大小の金平糖が輝くロングヘア

変身前の黒髪から一転、まぶしい金髪で一気にゴージャスな雰囲気に。髪にちりばめた金平糖は、変身アイテムのハートフルーツペンダントにもその雰囲気がある。

ゴージャスなフルーツでプリンセス風デザイン

おうちがフルーツパーラーという設定なので、ヘッドドレスやパフスリーブ、襟元のニュアンスにカフェの店員さんっぽい要素を取り入れつつゴージャスに。

スカートの形状や柄はフルーツケーキをイメージ

玉飾りはブルーベリー、スカートの柄はいちごとクリーム、角ばったイエローの飾りはパイナップルをイメージ。裾に見えるグリーンはメロンを表現！

ストラップパンプスもケーキっぽく！

ノーブルな足元は、チェリーやクリームのモチーフデザインのパンプス。ゴールドのプリキュアだが、金色の表現は挑戦であった。

CV.茅野愛衣さんに聞きました

パワーをもらえるキュアフィナーレのコトバ

“わたしは、わたしの正義を貫くだけだ！”

過去にとらわれず、自分の正義を貫いてゆくフィナーレの姿は、強く美しく……いつも私にパワーをくれます。

キュアフィナーレのファッションここがスキ！

「わたし、パフェになりたい！」の言葉通り、頭のてっぺんから足のつま先までゴージャスなところ！　髪の毛にトッピングされた金平糖もキュートです♪

Special interview 5

キャラクターデザイナー
斎藤敦史 × 髙橋麻樹
プロデューサー

プリキュアキャラクターデザイナー&プロデューサークロストーク

記念すべき20周年作品『ひろがるスカイ！プリキュア』のキャラクターデザインを務めた斎藤敦史さん、プロデューサーの髙橋麻樹さんに作品への思いや裏話をうかがいました。

キャラクターの表情の豊かさが印象的でした

――まず、おふたりの略歴とプリキュアとの関わりをお聞かせください。

斎藤敦史さん（以下敬称略）　この業界に入ったのは2007年なので、気がつけばもう17年目になっていますね。最初は京都アニメーションに入り、2年半ほどでフリーとして独立。大阪、東京と拠点を移しながら、さまざまな作品の原画や作画監督などを務めてきました。それが5年くらい前からなぜかキャラクターデザインも担当するようになって……。

髙橋麻樹さん（以下敬称略）　「なぜか」（笑）？

斎藤　そうですね（笑）。「キャラクターデザインには向いていない」と言われてきて、自分でもそう思ってきたんです。「どうしてもなりたい」と志してきたわけではないので、今は不思議な感じもしますが、仕事自体は楽しくしています。

髙橋　そうなんですね。私はもともとアニメ業界におりましたが、子ども向けの作品をやりたいと思い立ち、東映アニメーションに入ったのが2011年。「仮面ライダー」など実写作品も担当しつつ、プリキュアに関わったのは『ハピネスチャージプリキュア！』の劇場版作品からですね。主に作中のCG部分や変身バンクの進行管理を担当してきました。

――『ひろがるスカイ！プリキュア』のキャラクターデザインはどのように決定されたのでしょうか。

髙橋　今作は立ち上げが比較的早く、斎藤さんにも早い段階でお声をかけさせていただきました。コンペでは、斎藤さんが描いてくださったキュアスカイのマント姿がカッコよくて。大きな決め手になりました。

斎藤　あれ？　マントは必須と資料に書いてありましたよね？

髙橋　あれ（笑）。「あってもいいかも」くらいの話だったと記憶していますが、そうだったかも。あとは描いていただいたキャラクターの表情が生き生きとして、動いている姿が想像できたところも斎藤さんにお願いしたいと思った理由です。エルちゃんは特に赤ちゃんらしくて。

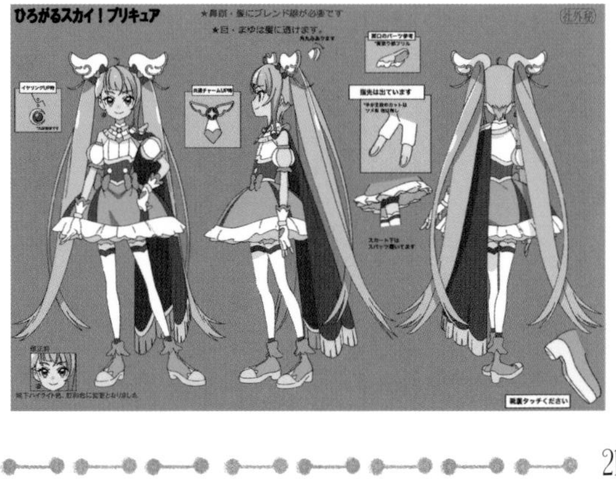

斎藤　そうだったんですね。最初はものすごく広い会議室に呼ばれて、面接のような形でスタッフのみなさんから説明を受けた印象です（笑）。

髙橋　そうでした（笑）。私たちはその後も「線は少なく、でも見栄えはよく」とか、「目はもっと大きく、少女マンガのように」など、細かく難しいオーダーをさせていただきました。大変でしたよね。

斎藤　いえいえ、これまでのいろいろな経験値があったので。やさしいほうです。

髙橋　たのもしい！　では、苦労されたのはどのあたりですか。

斎藤　う～ん。ひとつはフリルの表現ですね。あとは「エアリー感」と何度も言われた気がします（笑）。

髙橋　「エアリー感」は頻出ワードでしたね。プリキュアは女の子の憧れを詰め込む作品なので、女性スタッフを交えて、「かわいいとは？」をたくさん話し合いましたね。その中で、フリルはどうしても外せない要素でした。

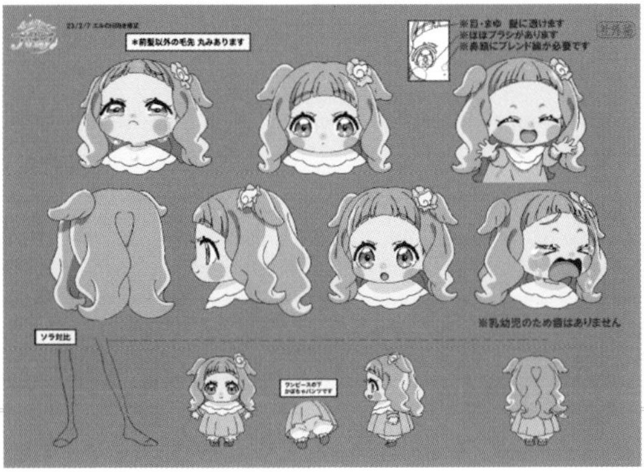

『ひろがるスカイ！プリキュア』のエルちゃんの設定画。笑ったり、怒ったり、赤ちゃんらしい豊かな感情表現がキャラクターデザインの特徴になっている。

斎藤　そうですね。フリルは、アニメーター的にはなるべく描きたくないモチーフのひとつなのですが……なにしろ動かすのが大変なので(笑)。でも、プリキュアの世界では絶対に必要な要素なので、過去のプリキュアも参照しながら、どんな表現にするか探りました。

髙橋　うまく落とし込んでいただきました。私服のご提案もかわいくて。

斎藤　ありがとうございます。ただ、男性アニメーターが感じるかわいさやおしゃれ感と、女性が感じるそれは、実はすごく違うんじゃないかという危惧がずっとあって。だからなるべく乖離しないよう気をつけてはいました。スカート丈にしても、「長すぎるとあか抜けないな」と思いつつ、どこまで短くすればいいのか。子ども向けでもあるので、さわやかさも必要ですし……。

髙橋　ありがたいです。そんな配慮が生きていたと思います。

男子プリキュアを出す覚悟を示したかった

――今作は男子プリキュア、成人プリキュアと、新しい試みも多い作品です。

斎藤　はい。まずキュアウィングはなかなか手がかりがつかめなくて。

髙橋　そうですね。男子プリキュアは、過去にゲスト的な感じで出てきたことはありましたが、レギュラーとしては初めて。小川《おがわ》（孝治《こうじ》）監督がイメージしているものを探るのも大変でしたね。少しずつ、「身長はこれくらい」「こんな年齢感なんだ」という輪郭が見えてきて。私はもう少し男の子っぽい感じをイメージしていたのですが。

斎藤　「少年」でしたね（笑）。

髙橋　はい。監督は、もともとはもう少し女の子っぽい、中性的な子をイメージしていたのだと思います。

斎藤　そうなんですね。ポニーテールの位置も、最初はもう少し違っていました。

髙橋　そこは私がだいぶこだわったところでした。あまり高い位置で結ぶ髪型だと、女の子っぽくなりすぎてしまう気がして。

斎藤　確かに。自分には「こう直してほしい」という指示だけが伝えられたので、その前段階の議論は存じ上げずで……。ただ、髙橋さんの強い思いは感じていました（笑）。

髙橋　そうですよね（笑）。私の気持ちとしては、男子プリキュアを出すなら、ちゃんと「男子」にしたいという思いがありました。覚悟を示したかったんですね。先ほど、監督はもう少し中性的な子をイメージしていたというお話をしたのですが、監督の意図もすごくわかるんです。監督は、プリキュアが圧倒的に女の子に支持されていることをわかっていますから、「プリキュアを好きな女の子が、受け入れやすいもの」「ふつうにかわいいと思えるもの」という観点からウィングのキャラクターデザインを探っていたのだと思います。だから、そこをどうすり合わせていくか、という作業が大変だったんですよね。

斎藤　そうですね。そんな思いをデザインに落とし込もうとすると、例えば「肌の露出の分量をどうするか」などが問題になります。男の子だからとウィングだけ長ズボンにしてしまうと、他のプリキュアから浮いてしまうんです。「仲間感」が出せないんですね。それでショートパンツにして脚を出すのですが、そのぶん上半身は肌を出さずに「ナイトっぽさ」

キュアウィングの設定画。鳥姿のときの面影を残したヘアデザインも特徴的。

を入れて……とバランスを取るようにしていましたね。

髙橋　ありがたいです。いろいろ悩んだウィングですが、子どもたちは自然に受け入れてくれたようで、今はほっとしています。

キュアバタフライはしっかりした大人の象徴

――成人プリキュアのキュアバタフライについてはいかがですか。私服も含め、「K-POP」のアーティストっぽい印象も受けますが。

斎藤　そうですね。そのイメージもあった気がします（笑）。スカート丈が短いのは、蹴り技があるキャラクターと聞いたような気がするのと、上半身の感じはフィギュアスケートの衣装のようなイメージもありました。

髙橋　グラデーションの腕の部分はボディータイツなんですよね。

斎藤　はい。ただ、キャラクター的には、最初は全然違うタイプをイメージしていて。ちょっとタレ目で、もっと絡んでくるお姉さん……みたいな。

髙橋　私たちも、いわゆるギャルっぽい雰囲気のある子なのかなと思っていたのですが、監督のイメージはそうじゃなかったんですよね。

斎藤　そう。ギャルじゃなくて、「しっかり者の、明るいお姉さん」ということでしたね。普段はノリが良くて、ちょっとフワッとしたところもあるけれど、いざというときにはブレない芯がある女性。

髙橋　そうそう。こちらも監督のイメージを吸い上げて、すり合わせるのに時間がかかりましたね。

斎藤　監督は、すべてをいきなり話すというより、外してはいけない部分を一点一点ポツポツと説明してくれる感じでした。もちろん聞いたら全部答えてくださるのですが。

髙橋　確かに（笑）。あまりイメージを限定したくないという意図があったのかもしれません。ただ、成人プリキュアとしては、子どもから見たとき、「頼れる大人である」というのは大切にしたい部分でした。保護者的な役割もありますから。ただそれをデザインで表現するのはなかなか難しいですよね。

斎藤　そうですね（笑）。

――最後にプリキュアシリーズへの思いを教えてください。

髙橋　私はこの仕事に関わる前から、実は結構プリキュア作品を見ていたんです。決してあきらめず、何かのためにひたすら頑張るプリキュアの姿には、女児とは言えない年齢になっても、何度も勇気をもらっていて、背中を押された言葉がいくつもありました。当時の私はまだ地方にいて、それでもアニメーションの仕事をしたくて……という状況だったので、重なる部分があったんですよね。そんな人はたくさんいると思うので、20周年となる今作には感慨深いものがあります。私はCG制作などをしていたこともあって、シリーズ自体にもとても愛着があるので、まだまだ続けばいいなと思っています。

斎藤　僕は「絵を描く」という視点からの話になりますが、プリキュアは1年単位でデザインも世界観も内容も、まるっきり変わってしまうところに驚きや面白さを感じます。過去作を見ても、「プリキュア」という軸さえあればなんでもあり！　という他にはない「自由さ」があるんですよね。ですから『ひろプリ』では、自分の中での理屈は通しつつ、その自由さを生かして、のびのびデザインさせていただきました。なかなかない機会だと思うので、良い経験ができたと思います。

Profile

斎藤敦史
（さいとう あつし）

アニメーター。京都アニメーション出身。現在はフリーランスとして原画制作ほか作画監督を務める。『ひろがるスカイ！プリキュア』でキャラクターデザインを担当。

髙橋麻樹
（たかはし まき）

2011年東映アニメーション入社。『魔法つかいプリキュア！』『キラキラ☆プリキュアアラモード』でCG制作を務め、『ひろがるスカイ！プリキュア』でテレビシリーズのプロデューサーに。

2023-2024

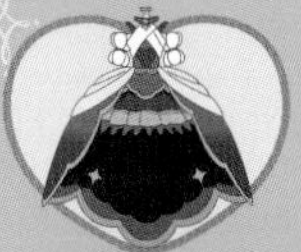

ひろがるスカイ！プリキュア

キャラクターデザイン：斎藤敦史

天空に浮かぶ国・スカイランドで生まれ育ち、ヒーローを志すソラ・ハレワタールが、
アンダーグ帝国のカバトンに誘拐されたプリンセス・エルを助け出そうと
不思議なトンネルを通って、別世界のソラシド市にワープした。
虹ヶ丘ましろと出会い、プリンセス・エルを無事にお城に戻せるまで共同生活をはじめることに。
ソラとましろは絆を深め、プリンセスを守るヒーローのプリキュアとなり、
二つの世界を飛びまわり活躍する。

ひろがるスカイ！プリキュア

スカイミラージュ！
トーンコネクト！
無限にひろがる青い空！
キュアスカイ！

Cure Sky

ソラが変身する空のプリキュア。ヒーロー修行を積んできたソラは、誘拐されたプリンセス・エルを追いかけてソラシド市へ。ソラのヒーローの心にプリンセス・エルの不思議な力が反応し、キュアスカイに変身。決め技は「ひ～ろ～が～る！　スカイパンチ！」。

ソラ・ハレワタール

ヒーローを志すスカイランドの女の子。運動能力が高く、まじめで礼儀正しい性格。初めてできた友達、ましろと絆を深める。口癖は「ヒーローの出番です！」。

キュアスカイ

スカイランドという異世界からやってきたソラ（キュアスカイ）は、メインプリキュアとしては初のブルー系カラー。カッコよさとかわいらしさのバランスに苦心した。

月や星、気球など空にまつわるモチーフを多用

イヤリングは月、パフスリーブは気球など、空にまつわるモチーフを散らしている。当初は「夜明け」をイメージし、下から上へ色が明るくなる全身グラデーション案も。

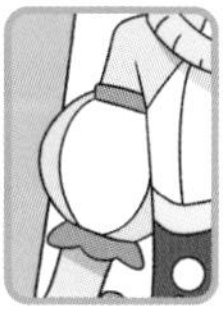

かわいさとカッコよさを非対称デザインで表現

カッコいい面もかわいらしい面もあるキュアスカイらしさをアシンメトリーデザインで表現。真っすぐな線より動きが出る波型の線を入れている。

戦うキャラクターには格闘ゲームのヒントも

キュアスカイは戦うキャラクターなので、「格闘ゲーム」のキャラクターのように、手足をやや大きめにデザイン。戦いシーンの迫力がアップ。

一番のポイントは風になびくマント

キュアスカイらしさの決め手であるマントは、外側は青、内側は赤という配色。左肩だけのデザインなので、後ろ姿もモタつかずアクティブ。

毛先がピンクになったグラデーションヘア

ブルー系プリキュアでも、クールなだけではないスカイの性格をピンクのグラデーションや黄色を入れて表現。全体はAラインシルエットを意識している。

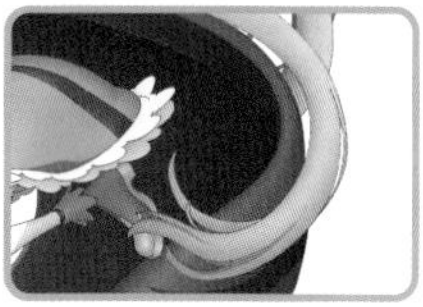

CV.関根明良さんに聞きました

パワーをもらえるキュアスカイのコトバ

前に進む足が止まりそうになっても！
わたしには背中を押してくれる
人たちがいます！
だから！　だから！
立ち止まるな、ヒーローガール！

高く険しい壁に直面したとき、私自身もたくさんの方々に支えられているなと実感します。そして、ソラちゃんにもたくさん支えてもらっています。私にとってもソラちゃんはヒーローです！

キュアスカイのファッションここがスキ！

全部！　というのが正直な感想ですが……変身バンクの不敵な笑みからのマントがバサッ！　がとくに大好きです！　初めて見た際は、本当にかわいくてカッコよくて……感動で涙が溢れました！

キュアプリズム

優しく穏やかな女の子、虹ヶ丘ましろが変身するキュアプリズム。プリズムのような効果があるダイヤモンドをヒントに、記号としての「ダイヤ型」を取り入れている。

Fashion Point

ヘアスタイルは ハートをリピート

三つ編みなどのヘアスタイルのモチーフは、女の子が大好きなハート型に。スカートの後ろ側に縫い付けられている飾りリボンの先にもハートを。

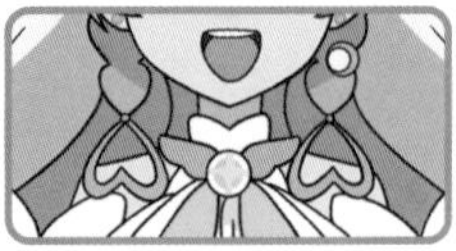

イヤリングは スカイとシェア!?

月のモチーフの片耳イヤリングはキュアスカイと合わせると一対に。バディ感の演出のため、リボンのチーフ使いや配色にも相似性がある。

全身シルエットを ダイヤ型にデザイン

毛先がはねたヘアやスカートのシルエットで、トランプのダイヤマークを意識。ボリュームヘアだと子どもたちからの認知度も高いらしい!?

フリルのかわいさと エアリー感を追求!

プリキュアに不可欠なフリルの表現も丁寧に。ふんわりとしたエアリー感を求めて修正を重ねた。アシンメトリーなデザインで軽さを出した。

スカートや靴に 光の十字モチーフ

スカートの十字柄で、通す光によって色を変えるプリズムを表現。人との出会いで自分の持ち味に気づくキュアプリズム自身とも重ねている。

Side　Back

CV. 加隈亜衣さんに聞きました

パワーをもらえるキュアプリズムのコトバ

“ヒーローの出番だよ!”

この言葉を口にすると「大切なものを守るんだ!」という気持ちがより強くなるんです。自分自身を奮い立たせる勇気が湧いてくる大好きな言葉です。セリフにはなくても、変身前は心の中で唱えています。

キュアプリズムのファッションここがスキ!

どこをとっても好きなポイントになるのですが、スカートの内側にある大きなキラキラに「キュンッ」としています。彼女の持つ、柔らかいけど大きくて芯のある優しさの輝きのようにも見えて、特に好きなポイントの一つです。頭のリボンのキラキラよりも大きいのがさらにポイントですっ。

スカイミラージュ！
トーンコネクト！
ふわりひろがる優しい光！
キュアプリズム！

虹《にじ》ヶ《が》丘《おか》ましろ

優しくて物知りな中学２年生。両親は海外赴任中で、祖母から料理や自然の知識を教わる。ソラたちとの関わりで、少しずつ自分に自信が持てるようになる。

　ましろが変身する光のプリキュア。ミラージュペンを奪われピンチのソラを、何が何でも助けたいと思ったとき、ましろのミラージュペンが出現。自信のなさ故に躊躇するが、あげはに背中を押されキュアプリズムに変身。決め技は「ひ～ろ～が～る！　プリズムショット！」。

Cure Prism

ひろがるスカイ！プリキュア

スカイミラージュ！
トーンコネクト！
天高くひろがる勇気！
キュアウィング！

ツバサが変身する翼のプリキュア。レギュラーメンバー初の男子プリキュア。キュアスカイたちを追いつめ、プリンセス・エルを嘲笑うカバトンに「エルちゃんを笑うな！」と叫んで覚醒し、キュアウィングに変身。決め技は「ひろがる！ウィングアタック！」。

Cure Wing

夕凪《ゆうなぎ》ツバサ

飛べないが人の姿になれる鳥型の妖精・プニバード族の男の子で、努力家。プリキュアになって空を飛ぶ夢を叶えた。ナイトとしてプリンセス・エルに仕える。

キュアウィング

レギュラーメンバー初の男子プリキュア。キャラクターデザインは、背丈や年齢感などのイメージが固まるまで時間がかかった。鳥の妖精・プニバード族なので、鳥らしさも意識。

Fashion Point

フォーマル感のある執事スタイルがベース

「ナイト」への憧れを執事服や正礼装のモーニングのディテールで表現。固くなりすぎないよう、サーカスを思わせるカラフルなボタンを飾っている。

ショートパンツで少年らしく！

長ズボンではなく、ショートパンツで少年らしさを表現。初期はスカートっぽく見えるデザインも検討したが、フリルを残しつつ調整した。

太ももアクセントはバタフライとおそろい

基本、左右対称できちんと感のあるデザインだが、バタフライとおそろいの太もも飾りだけは非対称。デザインで個性の違いを出している。

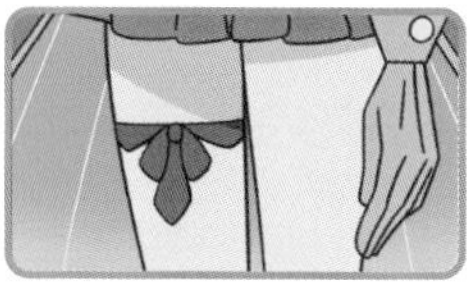

変身すると前髪がすっきり！

変身前は、片目が隠れたおとなしいヘアスタイルだが、変身後はトサカのように髪を立てて力強く。尾羽のような低めのポニーテールもこだわり。

青～黄のグラデは夕暮れのイメージ

元々は「夕暮れ」をイメージした配色だったウィング。モーニングジャケット風の内側のグラデーションに、そのイメージが残っている。

CV. 村瀬 歩さんに聞きました

パワーをもらえるキュアウィングのコトバ

“あなたのナイトが参ります！”

キュアウィングのファッションここがスキ！

頭にちょこんとのったミニハットがとてもかわいくて気に入っています！

キュアバタフライ

シリーズ初登場となった成人プリキュア。他のプリキュアより年上でもあるため、キャラクターデザインの方向性から打ち合わせを重ねた。大人っぽさやお姉さんっぽさを意識。

Fashion Point

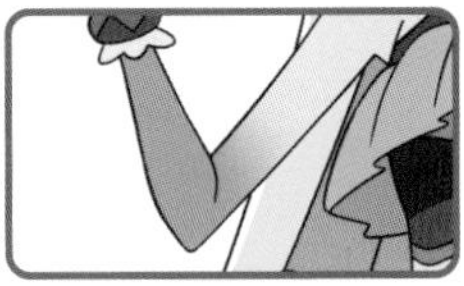

グラデーションの肌はボディタイツ

全身はピンクの濃淡で「朝焼け」を表現。肩から手首にかけては、フィギュアスケートの衣装のような透け感のあるボディタイツでカバー。

片足タイツで新鮮なバランスに

ミニ丈のスカートに素足では露出が多すぎてしまう。おしゃれ感や新鮮さもある片足タイツで重さと軽さのバランスを調整。太もも飾りはウィングとリンクしている。

ボトムは蝶の羽のようなシルエット

プリーツのあるバックスカートは、蝶が羽を開いた姿、サイドスカートは羽を休めている姿をイメージ。細かな色の濃淡で華やかに見せている。

首もとのチャームは全プリキュア共通

首もとに飾った丸いチャームは、チーム感を出すための共通モチーフ。まわりのデザインは、リボンやネクタイなど、個性に合わせてアレンジ。

お腹出し＆ミニ丈は韓国トレンドも意識

マイクロミニ丈のスカートやお腹出しのスタイルは、「Kポップ」など韓国ファッションもヒントに。スポーティーな雰囲気もミックスしている。

CV. 七瀬彩夏さんに聞きました

パワーをもらえるキュアバタフライのコトバ

“アゲてこ！”

このセリフを言うと、私もアガります♪　前向きになれる、大好きな言葉です。

キュアバタフライのファッションここがスキ！

グラデーションになっている袖と、アシンメトリーなタイツ！　色合いが素敵です。頭と腰のバタフライモチーフもかわいいですし、変身すると色づくネイルとアイシャドウもおしゃれで好きです♡

スカイミラージュ！
トーンコネクト！
アゲてひろがるワンダホー！
キュアバタフライ！

あげはが変身する蝶のプリキュア。プリキュアをいちばん近くでサポートしてきたあげはが、保育士もプリキュアも、目指すところは「大切な人たちを守ること」であり、自分もプリキュアになろうと考え、キュアバタフライに変身。決め技は「ひろがる！　バタフライプレス！」。

聖《ひじり》あげは

保育士を目指し、専門学校で勉強中の18歳。おしゃれで明るい性格の、頼りになるお姉さん。ましろとは幼なじみ。口癖は「アゲてくよ！」。

ひろがるスカイ！プリキュア

スカイミラージュ！
トーンコネクト！
降り立つ気高き神秘！
キュアマジェスティ！

プリンセス・エル

スカイランドの王女である赤ちゃん。スカイトーンを生み出す不思議な力を持つ。成長し、一人で歩き、しゃべれるようになる。口癖は「えるぅ～！」。

プリンセス・エルが変身するプリキュア。ソラたちのピンチを助けたいという思いから、一時的に大きくなりプリキュアに変身するようになる。エネルギーを大量に消費するので、すぐに赤ちゃんの姿に戻る。

Cure Majesty

キュアマジェスティ

スカイランドの王女さま、エルが変身した姿であるキュアマジェスティ。赤ちゃんの頃の面影を残しつつ、いかにロイヤル感を出すかが課題に。

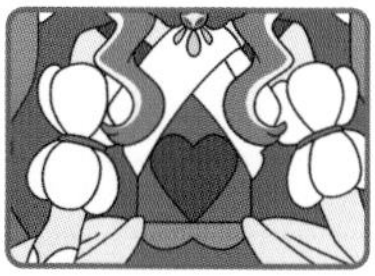

キュアスカイと同じモチーフを豪華に

２段になったパフスリーブデザインは、よく見るとこちらもスカイとリンク。スカイランド出身という共通項があり、同じモチーフをアレンジしている。

プリンセスらしいロイヤルなデザイン

ゴールドのトリミングやドレスのように重ねたスカート、たすきがけのような綬（じゅ）のデザインを取り入れてロイヤル感を演出。

羽をかたどったティアラを飾って

王族に対する敬称を表す「マジェスティ」。ハートのクリスタルをはめ込んだティアラの羽デザインは、キュアスカイのヘアアクセサリーともリンクしている。

赤ちゃんの頃の面影をヘアに残して

変身前と同じ人物に見えるよう、顔まわりは大きく変えずにロングヘアにチェンジ。「そのまま成長した感じ」を意識したヘアデザインに。

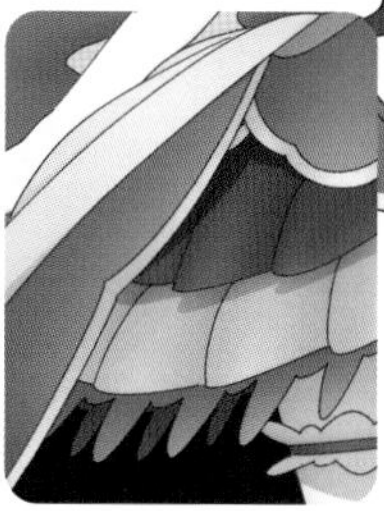

「マジックアワー」をイメージした色使い

パープルがイメージカラーのプリキュアは過去にもいたが、マジェスティは太陽がなくてもほんのり明るい「マジックアワー」をイメージ。

CV. 古賀 葵さんに聞きました

パワーをもらえるキュアマジェスティのコトバ

“信じてくれて……
ありがとう。”

変身して一番最初に４人へ向けた言葉。信じてくれる人がいる、信じられる人がいる、この関係性がすごく素敵だし、今まで過ごした時間と愛情がたくさん詰まっている言葉だと思います。私も大切だと思う人たちと信じあえる関係性を築いていきたいです。

キュアマジェスティのファッションここがスキ！

２段になった、ふわっとゴージャスなプリンセスらしいスカートと、裾にある一番星のマーク！　ハートと羽がキラキラかわいいティアラも最高です！　コスチューム全体をよーく見ると、「ひろプリ」メンバーのカラーが入っています。キュアマジェスティはみんなのことがとっても大好きなんだなって伝わるところもスキです！

Special interview 6

バンダイ
歴代玩具開発担当者インタビュー

『ふたりはプリキュア』のコスチュームや
カードコミューンの誕生秘話をはじめ、
〝着るプリキュア〟〝遊ぶプリキュア〟ができるまでの
お話を歴代玩具開発担当者にうかがいました！

Profile

浦辺紀子／『ふたりはプリキュア』ではすべての玩具開発を一人で担当し、大ヒットに導いたレジェンド。橋本佳代子／『ふたりはプリキュア Splash☆Star』以降4シリーズ、『Ｇｏ！プリンセスプリキュア』以降5シリーズを担当。福岡麗南／『フレッシュプリキュア！』～『Ｇｏ！プリンセスプリキュア』を担当。岡田千明／『Ｇｏ！プリンセスプリキュア』～『ヒーリングっど♥プリキュア』を担当。竹内麻妃／『キラキラ☆プリキュアアラモード』～現シリーズを担当。片岡小百合／『ＨＵＧっと！プリキュア』～現シリーズを担当。

たった一人からはじまった、プリキュア玩具開発

——『ふたりはプリキュア』のコスチュームはどのように誕生したのですか？

浦辺紀子さん（以下敬称略） まずキュアブラックについては、黒のコスチュームの人気キャラクターを作りたいということで、東映アニメーションさんとご相談を重ねて形にしました。当時子どもたちに流行していた洋服ブランドでも、真っ黒のワンピースは人気がなかったのですが、フリルをつけたら好きになってもらえるのでは？　というアイデアから、実際にピンクのフリル生地を買ってきて黒いワンピースに縫いつけてみました。そうしたら子どもからの評判がよいことがわかり、これでいこう！　と。スポーティーになりすぎないようにハートをたくさん配置して、かわいらしさがでるようこだわりました。キュアホワイトのコスチュームは、〝黒〟の反対色であり人気色の〝白〟になりました。白は前年まで放送していた『おジャ魔女どれみドッカ～ン』で白い服を着ていたハナちゃんの人気が高く、イメージがよかったですね。デザインや色味の判断に迷ったときは、当時人気だったアイドルの衣装を参考にすることもありました。足元はブーツカバーが特徴で、子どもたちが自分の靴を履いていてもブーツカバーをすれば足元までプリキュアになりきれる！　との考えでつけたと記憶しています（写真1）。

写真1
「なりきりキャラリートキッズ」キュアブラック（左）、キュアホワイト（右）。キュアブラックは、黒にラブリーなピンクを合わせることにより、明るく華やかな印象！

——当時はカードを使うおもちゃは男児向けがほとんどでしたが、カードコミューンを作ろうと考えたのはなぜですか？

浦辺 当時主流だった二つ折りの携帯電話をパカパカと開け閉めするのを子どもたちにやってもらいたかったんです(写真2)。その前々年くらいに、カードで変身する『仮面ライダー龍騎』が男の子に人気だったので、女の子向けのカード商品を作りたいと思っていました。カードに正位置・逆位置を作って5枚で10種類の読み込みができるようにしたのは、カードの設定としてタロットカードの要素が組み込めないか検討していた名残ですね。自分だけの秘密の大切なペットであり、パートナーの妖精は、常に一

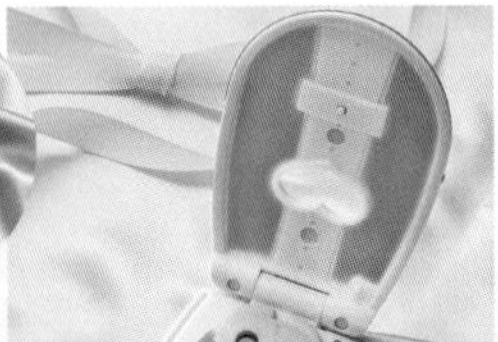
写真2
二つ折りの携帯電話型に加えてパートナーの妖精のお世話遊びもでき、子どもたちが肌身離さず持っていたくなる作りの「カードコミューン」。

※『プリキュア15周年アニバーサリー　プリキュアコスチュームクロニクル』に掲載されたインタビュー記事に、新規インタビュー内容を加筆し、再構成しています。

緒にいてお世話をしてあげたい。そのあたりは自分が子どもの頃に好きだったものを実現した形です。お世話遊びの仕組みを考えていく中で、妖精の顔をプレートでつけることになりました。プレートをつけ替えることで2匹のお世話ができるようにしたんです。2匹の妖精のセリフを液晶画面でもわかりやすく区別するために語尾に「メポ」や「ミポ」をつけました。当時流行っていた『とっとこハム太郎』から影響を受けた部分もあります。

——『ふたりはプリキュア』では、玩具担当は浦辺さんお一人だったそうですね。その後のシリーズでは、ご担当者の人数は?

浦辺　はい。〝初代〟の立ち上げのとき、玩具担当は私一人だけだったんです。今のようにアイテム数が多くなかったから、できたのかな。当時はとにかく時間がなくて。アニメのアフレコ現場でプロデューサーさんを夜まで待ち伏せして（笑）、デザインを確認していただくこともよくありました。

橋本佳代子さん（以下敬称略）　『Splash☆Star』以降、企画担当者の人数は3人、4人……と増えていきました。いちばん人数が多かったのは『HUGっと!プリキュア』のときで、9人いました。プリキュア玩具は弊社の一大プロジェクトになっています。本当に、当時浦辺さんは一人でどうやっていたんだろうと思いますよ。

浦辺　必死でしたよ（笑）。

橋本　プリキュアシリーズは1年ごとにタイトルが変わるので、近年は常に3シリーズを進行できるような体制で製作をしています。早くから準備を始めないと、いろいろと間に合わなくなってしまいますから!

岡田千明さん（以下敬称略）　開発を始める時期は年々早まっていますね。

写真3

プリチューム（当時は「キャラリートキッズ」）にバルーンスカートを最初に用いた『Yes！プリキュア5』キュアレモネード。

——壮大なプロジェクトですね!　プリチュームはどのように商品化しているのですか?

橋本　キャラクター設定を具現化し、かわいいものにするにはどんな手法がとれるかを考えます。例えば、キュアレモネードのふわふわとしたミニスカート（写真3）を作るのに、当時の流行だったバルーンスカートが使えるかもしれない、と試作したところ、うまくボリュームがでて、きれいな形に仕上がったんです。その後、プリチュームでバルーンスカートを用いる手法が定番化しました。花を組み合わせたバルーンスカートのデザインをご相談した例がキュアフェリーチェ（写真4）です。ピンクとグリーンの色合いと、子どもが好きな花のデザインで、非常に人気が高かったです。変身アイテムはアニメと厳密にそろえる必要がありますが、プリチュームは子どもの着やすさなどを優先して、お任せいただいている部分も多いかなと思います。

写真4

ふんわりしたボリューム感たっぷりのシルエットをバルーンスカートで表現した『魔法つかいプリキュア！』キュアフェリーチェ。

福岡麗南さん（以下敬称略）　プリチュームの素材と色は、洋服としてのバランスを重視して、布と布を合わせたときにどう見えるかで決定していきます。いちばん輝いてきれいに見えるのが、光沢のあるサテン生地ですね。そこからキャラクター設定に近い色を選んだり、染めてもらったりしています。試作品ができたら、実際にお子さんに着てもらって調整します。サイズや、下着が見えないかなどを確認し、設定をもとに半年くらいで商品にしていきます。

——プリチュームを作るにあたって、大事にしていることは?

福岡　子どもたちが着たときに、「自分がいちばんかわいい!」と思えるように、子どもに合ったバランスや装飾の配置にこだわっています。きちんとプリキュアになりきれる、ということを大事にして製作しています。

『スタプリ』では歌とダンスの新しい変身シーンにチャレンジ!

——近年の玩具開発について教えてください。『スター☆トゥインクルプリキュア』は、歌とダンスで

変身するシーンが大人気でした。

岡田　『スタプリ』の変身アイテムは「スターカラーペンダント」です。開発にあたっては、当時子どもたちの「変身への憧れ」が少し落ち着いてきているのかなと感じていました。そこで、変身シーンや変身アイテムへの憧れを強く持ってもらいたいという想いで、子どもたちが大好きな歌とダンスを取り入れた、新しい変身シーンにチャレンジしました！

プリキュアのみなさんに変身の曲を歌ってもらって、アニメで流れるものを玩具に収録しているので、変身シーンをリアルに再現して遊ぶことができます。

「スターカラーペンダント」はインク瓶のイメージで、そこに「スターカラーペン」をさしてインクをつけ、光のラインを描いていくと、それがプリキュアのコスチュームになっていく……という変身シーンで、そこに歌とダンスを取り入れていただくのは、番組制作側のハードルも上がりましたが、実現していただき感謝しています。子どもたちが歌とダンスを覚えて変身を楽しんでくれたのを、イベント等で感じることができました！

――大変だったところや、こだわったところは？

岡田　子どもたちが「スターカラーペンダント」を身につけて変身のダンスをするので、重さや大きさは何度も調整して最善を探りました。変身の曲はフルバージョンを全員分収録し、変身シーンの完全再現にこだわりました。

――『スタプリ』のプリチュームはどのように作られたのですか？

岡田　『スタプリ』の4人のコスチュームには「春夏秋冬」というテーマも入っているんです。キュアスターが春、キュアミルキーが夏、キュアソレイユが秋、キュアセレーネが冬というコスチュームのテイストはどうでしょうかと、ご提案させていただきました。スターカラーペンで描く光のラインも、キュアミルキーはぐるぐる、キュアセレーネはもこもこ、と違いをだし、スカートのデザインに取り入れていただきました。

レインボーカラーのチュチュが人気のキュアコスモのプリチューム。ファッション界からも注目を集めていた。

初めての宇宙人プリキュアであるキュアミルキーは、子どもたちに、よりなじみがあって憧れのお洋服にしたいという意図で、バルーンスカート風にアレンジして商品化しています。

キュアコスモは、カラフルなチュチュのついたかわいいスカートが流行っているのを参考に、東映アニメーションさんとご相談したかたちです（写真5）。キュアコスモはいろいろな姿を持つキャラクターで、玩具も非常に人気がありました。

20周年記念作品『ひろプリ』はド派手に！

――20作目の『ひろがるスカイ！プリキュア』は、どのように玩具開発が進んだのですか？

竹内麻妃さん（以下敬称略）　20周年記念のシリーズなので、玩具のギミックから特別なものを考えたいね、と話していたんです。

片岡小百合さん（以下敬称略）　そんなとき、テーマパークで子どもたちが光るおもちゃで遊んでいる様子を見て、それがヒントになりました。

竹内　くるくる回る、扇風機型の部材を探して、丸くかわいい形にしていきました。カラフルなLEDがいくつも入り、モーターもついた、女の子向け玩具のジャンルではあまり見ないギミックが満載のアイテム「スカイミラージュ」（写真6）になりました。

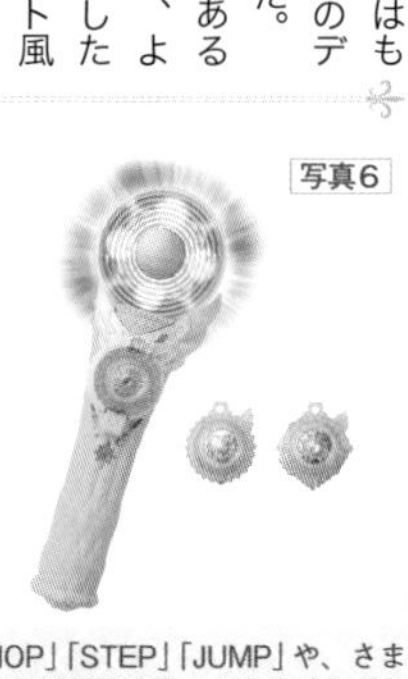

「HOP」「STEP」「JUMP」や、さまざまな絵柄が美しく浮かび上がる「変身スカイミラージュ」。

――仮面ライダーのベルト等から着想されていると思っていました！　今までにない豪華な変身アイテムですよね。

片岡　回転するLEDの光で文字や絵柄が浮かび上がる〝バーサライタ〟を搭載したアイテムは、プリキュア玩具では初めてです！

竹内　20周年なので、ド派手にやりたいと考えていたのもあり、カラフルなイリュージョンが楽しめる商品となりました。お買い求めいただきやすい価格のペン商材「ミラージュ

キュアスカイのプリチューム。マントは子どもに合わせた長さに。デザインの再現性も高く、子どもたちの心をつかんでいる。

写真7

ペン」も展開しています。時期や予算に合わせてお楽しみいただけたらという想いで、2種類の変身アイテムを企画したんです。

片岡　前作の『デリシャスパーティ♡プリキュア』では、4人のプリキュアが「エナジー妖精」または「ハートフルーツペンダント」で変身しますが、4人とも別々のアイテムを使っています。それに対して、今作の『ひろプリ』では、4人とも同じ「スカイミラージュ」で変身します。「エナジー妖精」はぬいぐるみで、材料の面でも比較的作りやすく、「スカイミラージュ」はさまざまな機構を搭載した商品なので、価格帯も異なっています。

――『ひろプリ』のプリチュームは、どのように作られたのですか？

竹内　主人公のテーマカラーを青にしたいというのは、東映アニメーションさんのご意向はもちろんですが、弊社からもご提案させていただいたんです。歴代のプリキュアがずらっと並んだとき、真ん中に次の主人公がくることを考えると、20周年記念作品ですし、埋もれてはいけないと。色合わせのパターンをたくさん考えた結果、青がいいということになりました。隣にいるキュアプリズムに、王道のかわいらしさやトレンド要素をつぎ込み、役割を分けようと考えました。

――大変だったところや、こだわったところは？

竹内　キュアスカイは、ヒーローらしい長いマントが印象的です。マントの再現には試行錯誤しました。布が長いとお子さんの首に回ってしまい大変危険なので、安全を担保できる長さで表現しています（写真7）。

――これまでのプリキュア玩具の歴史を振り返って、どんな想いがありますか？

浦辺　私は今はプリキュア担当からは離れていますが、開発する上での大変さがわかるからこそ、みんなよくがんばっているなと思います。とくにプリチュームは、プリントとチュチュを重ねるなど凝った作りになっていて、ものづくり的には難しい点も多いと思います。私が当時作りたいと思っていたヘアアクセサリーやイヤリングなども、こうやって開発して受け継いでくれていて嬉しいです。20年ですから、よくこれだけの数を作ってきたなと、振り返ってみると感慨深いものがありますね。

橋本　みんなで「これはいいよね」「プリキュアってこうだよね」と話し合いながら作ってきたものが積み重なって、ちゃんと継承されているのを感じます。同時に、どんどんパワーアップもしているので、プリキュア玩具がこれからどうなっていくのか楽しみです。人数が増えたり、敵や妖精がプリキュアになったり、20作目では男子のプリキュアが登場したり、時代に沿って進化し続けているので、その進化を楽しみながら、私自身も進化し続けたいなと思いました。

岡田　私も今はプリキュア玩具の担当から離れていますが、プリキュアの新しい情報を聞くたびにワクワクします。今は別の部署にいる歴代の担当者たちと予定を合わせてイベントに遊びに行くなど、いちファンとして楽しませてもらっています。自分の思い入れのある作品が続いていくことを嬉しく思っています！

竹内　東映アニメーションさんは、3年後・5年後を見据えながら作品づくりに向き合われているので、私たちも同じ先を一緒に見ながら、新しいものを作っていきたいと思います。15周年から、あっという間に5年が経っていました！　25周年・30周年も、きっとすぐに来るのではないでしょうか。

片岡　これだけ歴史のあるプリキュアなので、今進めている玩具の企画も、アイデアをどこから見つけてくるか、新しい技術を取り入れられないかなど、日々試行錯誤を繰り返しています。「全プリキュア展～20th Anniversary Memories～」では、小さいころに"初代"を観ていた女性ファンの方々がたくさんいらしていてとても感激したので、大人のプリキュアファンのみなさんに向けた商品も手がけていきたいと思っています。

Special interview 7

プリキュア生みの親

東映アニメーション

鷲尾 天

プリキュアの20年を振り返る

**20周年の節目に、プリキュアを生み出した鷲尾 天さんに
これまでを振り返ってお話をうかがいました。
テーマやコスチュームについてなど、貴重な制作エピソードがもりだくさんです！**

「プリキュアらしさ」を変わらず引き継いでいく

――プリキュアシリーズの20年で、変化した点・変わらない点を教えてください。

鷲尾 天さん（以下敬称略） 映像表現というものは、年々変わっていくものだと思っています。当初のシリーズの映像を見ると、「この表現は今はしないな」というところもありますが、当時としてはそれが普通。だからといって、今それが否定されるべきでもないと思っているんです。例えば、当初は徒手空拳で、非常に派手なアクションをしていたのが印象深いですが、近年は、直接拳を交えず光で包む戦い方もあり、敵と向き合う空気感も変わってきています。その変化に違和感はないし、いいことだなと思っています。変わらないのは、プリキュアを作るにあたっていちばん大事にしていることが、ちゃんと引き継がれている点です。主人公たちが「自分の足で凛々しく立つ」というのが番組の中で生きている。自分と向き合いきちんと決断することや、自分で一生懸命考えて行動したからこそ、そこに手を差し伸べてくれる人がいる、というテイスト。これはずっと変わっていません。キャラクターや表現の手法が変わっても、プリキュアとして続けられる理由はそこにあると思っています。

(上)キュアブラックは、武器を使わず、徒手空拳で相手に立ち向かう。
(下)キュアホイップは、ホイップクリームや光で相手を包み浄化する戦い方。

――その大事なところは、鷲尾さんの指示によって引き継がれているのですか？

鷲尾 いえ、私も現場に預けていることが多いので、具体的にいろいろ口出ししているわけではないんです。でも、不思議と毎年引き継がれている。スタッフのみなさんが「こういうことをやらなきゃいけない」とか、「こういうことが大事だよね」と、深く考えながら作ってくれているんですよね。

――近年、重要視していることはどんなことですか？

鷲尾 とくに近年ですが、作品の中にモチーフを含めてテーマ性を求められているのを感じます。〝初代〟は、今を一生懸命生きる中学生の女の子たちを描いているのですが、昨年は「食」だったように、近年は作品ごとにテーマがあります。テーマに対して、制作側が出した考え方を盛り込むことが大切になってきます。

――テーマは毎年どのように決めているのですか？

鷲尾 現場のプロデューサーが主導して、「ストーリー」「キャラクター」「モチーフ」のどれかから話を進めていきます。それに対して、みんなでできることを討議しながら形を作っていきます。なので、誰か一人の意見で100％決まるということはないですね。

お姫さまのプリキュアから始まった、テーマへの挑戦

鷲尾　2015年の『Go！プリンセスプリキュア』は、プリンセスをテーマにしました。当時、非常に大ヒットしたアニメ映画がありました。氷の宮殿が出てくる……あの映画です。日本中の女の子たちがお姫さまが好きなんだと改めてわかって、じゃあお姫さまで勝負してみようという話になったんです。そこで「プリキュアとしてのお姫さまって何？」ということを、当然きちんと考えなければならない。自分の足で立つことができるお姫さまを表現するために、キャッチフレーズをみんなで作りました。それが「強く・優しく・美しく」だったんです。自分の気持ちを強く持つこと、自分や周りに優しくできること、自分の気持ちにうそがないという意味で、美しくあること。これが、プリキュアとしてのプリンセスの姿であるということを、しっかり作品の中に盛り込みました。『Go！プリンセスプリキュア』が成立したことによって、その翌年からも、人気のあるモチーフを取り入れて、意味を盛り込んだ上でテーマを成立させられるようになっていきます。随分前のインタビューで、「プリキュアは魔法じゃないんです」なんて発言しておきながら、この次の年は『魔法つかいプリキュア！』なんですよ（笑）。

『Go！プリンセスプリキュア』では、真のプリンセス、“グランプリンセス”を目指した主人公たち。

魔法を超えた奇跡『魔法つかいプリキュア！』誕生秘話

鷲尾　話し合いの中で、関係者から、クマのぬいぐるみをモチーフに入れたいという話があったんです。それなら魔法だったらできる……となって、それから「魔女」に関する学術書を読んだんです。中世の魔女というのはどんな存在だったのだろう？と、調べました。中世の魔女は、もともとは医学（薬草学）・出産介助など、民衆を助ける仕事をしている人でした。これらの人が民衆の尊敬を集めると、自分の地位が揺らぐと感じた当時の権力者が「魔女」扱いし、社会から排除しようとしたのです。そんな背景をふまえて、社会から排除されて別の世界に移り住んでいた魔女側の少女と、人間界の少女が偶然出会うことによって、魔法以上の奇跡が起きた、これを『魔法つかいプリキュア！』の世界観としました。プリキュアは、魔法を超えた存在ということです。2つの世界が手を繋ぎ直すことによって、新たなものが生まれるということをテーマに落とし込みました。そういう訳で、みらいとリコはモフルンを介して手を繋いで変身しているんです。子どもたちに人気のあるものをモチーフとして取り入れたとしても、しっかりと意味を固めていけば大丈夫、というのがこの2年間で得た方針でした。

主人公たちが“魔法界”と“ナシマホウ界”、2つの世界を行き来した『魔法つかいプリキュア！』。

――キュアブラック、キュアホワイトのコスチュームについて、こだわりや好きなポイントを教えてください。

鷲尾　黒と白のキャラクターですが、アニメーションで立体感を出すためには、影を入れますよね。普通は白いキャラクターにはグレーの影を入れます。だけど、西尾《にしお》（大介《だいすけ》）監督がキュアホワイトに「薄い青で影を入れよう」って言ったんです。青い影が入るとすごくきれいでしょ？　グレーの影だと、暗く落ち込んだ印象になっちゃうんです。白は色が抜けてしまって、いちばん難しい色なんですよ。影色をそうやってつけることによって、キャラクターカラーのイメージがこんなにも変わるのか！　と、ものすごく驚いた記憶があります。以降のシリーズでも、影色をカラーでつける手法は引き継がれています。足元は、当時流行の厚底ブーツやルーズソックスなどを参考にしていて、高いヒールじゃなくていいという話になったとき、西尾さんが「じゃあ、足をちょっと大きめに描いてくれる?」と稲上《いながみ》(晃《あきら》)さんにリクエストしてできあがったのがこのデザインなんです。「どうして足が大きいほうがいいんですか?」って聞いたら、「そのほうが踏ん張れるから」と。プリキュアが力を込めて大地に踏ん張るというイメージが、最初から西尾さんの中にはあったんでしょうね。「自分の足で凛々しく立つ」というところに対して、そのイメージをいちばん持っていたのはやっぱり西尾さんだったんだなと思います。それが、第1話で「プリキュア・マーブル・スクリュー」を放ったときに、ズズッと後ろにすべる、力感のある絵に繋がっているんだなあと、後になって思いましたね。

〝初代〟のキュアブラックとキュアホワイト。しっかり大地に踏ん張れる足元と、ブルーの影が入った白いコスチューム。

――20作目の『ひろがるスカイ!プリキュア』は、そんな〝初代〟を意識して作られているのですよね?

鷲尾　そうですね。小川《おがわ》(孝治《こうじ》)監督が〝初代〟をリスペクトしてくれていて、「20周年だから好きなようにやってほしいんだけど、原点回帰をベースにしよう」という話をしたら、彼も「そのつもりでした」と言ってくれました。第1話で、ソラがカバトンを追いかけるとき、軽くステップを踏んでから走り出すんです。すごくリアルなアクションになっていて、実は私がいちばん好きなシーンです。普通、人はいきなり走らないんですよ。そこは素晴らしいところだなと思って、本人に伝えました。

――プリキュアのコスチュームに欠かせない要素は?

鷲尾　プリキュアはアクションキャラクターなので、まずアクションができることが大前提にあって、そこにいかにかわいらしさ、可憐さを入れるか、というところですね。キャラクターによっては、アクションさせるの大変だよという話も聞いておりますけど(笑)。かわいいかかわいくないか、そのあたりは私は疎いので、キャラクターデザイナーの方に出してもらったアイデアを見て、みんながいいなと思ったものを大切にして決めていきます。

子どもの想いを叶える「変身」

――「変身すること」には、どんな意味があると考えていらっしゃいますか?

鷲尾　自分じゃない人になれたらいいな、という願望は誰もが持っていますよね。大人にももちろんあるけど、子どものほうがその願望は強いと思っていて。とくに、自我が芽生え始めた子どもは、自分ができると思っていることと、親から見てできることのギャップがすごく大きいでしょう?　「自分だってできるのに!」という想いを叶えてあげることが、プリキュアに変身するということなのかなと思っています。普段はか弱い中学生なんだけど、変身するとものすごいパワーが出せるプリキュアの姿に、子どもたちは無意識のうちに自分の考えていることを重ね合わせているんじゃないかなと思っています。

――「プリキュアになりたい」という子どもたちも、とても多いですね。

鷲尾　キャラクターが生き生きとしていて、生々しい感情も丁寧に描かれているから、ファンタジーとして変身したときにリアリティーがあるし、応援したくなるのだと思います。例えば『ふたりはプリキュア』の第1話で、変身のセリフを言いながら、「あたしってば、何言っちゃってんの!?」と言うシーン。みんなが思っていたことじゃないですか。いきなりよく言えるよなって(笑)。あれができるのは西尾さんしかいないと思います。リアルさが出ていて、生きているキャラクターになっていますよね。

「自分の足で凛々しく立つ」のがプリキュア!

――「戦う女の子」から始まったプリキュアが、今では性別や年齢、住む星も超えた存在に。今「プリキュアとは何か」を、どう定義されますか?

鷲尾　先程も言った、「自分の足で凜々しく立つ」こと。これがあれば、プリキュアといえるんだろうと思っています。それが例えば、妖精であろうと宇宙人であろうと……。アンドロイドもいましたし、広がっていますよね。なので、男子プリキュアというのも、そんなに驚くことではないと思っているぐらいです。子どもたちが受け入れてくれるのであれば、いつ入ってもいいのでは？と、随分前から話していたんですよ。今年は節目ですし、男の子が入るのにちょうどいいタイミングだったのもありました。

「ふたり」から「チーム」へ。プリキュアの大転換点

——大事なところは継承し、どんどん進化していくプリキュアシリーズ。大きな転換点としては、『Yes!プリキュア5』の立ち上げだったそうですね。

鷲尾　『ふたりはプリキュア』を立ち上げて、おかげさまで2年続いたんですけど、未就学児向けでやるんだから、常に新しい子どもが入ってきて、ずっと観てもらえるように考えなさいと言われていました。そこで、女の子もので初めて「タイトルを残してキャラクターを変える」ということをやってみたんです。それが『ふたりはプリキュア Splash☆Star』です。ところが『Splash☆Star』は視聴率もビジネスもちょっと苦戦して、「プリキュアをあと1年だけ継続する」ということが決まった際に、『Splash☆Star』の続編でいくか、違うものを立ち上げるかの選択を迫られたんです。最終的に出した結論は「変える」ことでした。まったく違うコンセプトでやってみて、それで結果がよくなければあきらめようと。そこで立ち上げたのが、5人のチームにした『Yes!プリキュア5』。

『Yes！プリキュア5』では、元気で前向きなのぞみが、みんなに支えられながらリーダーになっていく。

年齢も学年も立場も違うキャラクターたちがいて、それぞれが何かに悩んだとき主人公のもとに集まれる関係性にしたいと考えました。プリキュアがチームになったことで、バラエティに富んで、シリーズが続けられるようになったんじゃないかなと思います。

——プリキュアを観て育った子どもたちに、どんな大人になってもらいたいですか？

鷲尾　小さいお子さんたちには、アニメを観ていても、変身するまでのお話は、内容がわからない部分もあると思います。わからないんだけど、たぶん頭に残っていて、覚えていると思うんです。大人になってから、プリキュアがこんなこと言ってたなと思い出したとき、自分の中で理解を深めたり、前へ一歩進むために背中を押すものになっていたりするといいなと思っています。

絶望的な状況の中でも、心の自由さえ失わなければ、何度でも立ち上がることができる

鷲尾　『ふたりはプリキュア Max Heart』の最終話、なぎさ（キュアブラック）とほのか（キュアホワイト）が立ち上がり大逆転に向かうきっかけが、「お味噌汁の具」と「宿題」の話なんです。お味噌汁の具の買い物を頼まれているとか、宿題を手伝ってほしいとか、そんな日常の話です。メップルが「のんきなこと考えてる場合じゃないメポ」と怒るんですが、「あたしにとっては大事なことなの！　何考えたって自由でしょ！」となぎさが言う。その会話を聞いていたほのかが「心の自由」に気がつくんです。2人は「どんな状況でも、何が起きようとも、私の心の中は自由だ」と立ち上がるんです。小さい子どもにはとても難しい話ですよね？（笑）　でも、大人になってからそのセリフを思い出したら、目の前の何かを突破するきっかけになるんじゃないかな。どのシリーズにも、必ずそういったセリフが入っているはずです。どんな大人になってほしいというよりは、そういうことを自分で考えられる人になっていたら嬉しいなと思っています。

Special interview 8

プリキュア×ファッション年表

ファッション・クリエイティブ・ディレクター

軍地彩弓インタビュー

毎年新たに登場するプリキュアには、その時代の憧れの女の子像が反映されています。長年雑誌づくりに携わり、ガールズカルチャーを見つめてきた軍地彩弓さんにお話をうかがいました。

Profile
軍地彩弓(ぐんじ さゆみ)　講談社「ViVi」編集部でフリーライターとして活躍したのち、同社「GLAMOROUS」の創刊に尽力。その後クリエイティブ・ディレクターとしてコンデナスト社「VOGUE girl」の創刊と運営に携わる。現在、株式会社gumi-gumi代表取締役を務める。

ガールズパワーが花開いた2000年代

——『ふたりはプリキュア』が始まったのは2004年。まずは、当時のファッションや女の子を取り巻く状況からおうかがいしたいです。

軍地彩弓さん（以下敬称略）　2000年代前半は、海外ではブリトニー・スピアーズが音楽シーンを席巻し、日本だと安室奈美恵さんや浜崎あゆみさんが人気を博し、「カリスマ」という言葉がよく聞かれた時代です。今より雑誌やテレビなどのマスメディアの影響力が強く、アイドルやタレントのファッションにトレンドが左右される時代でした。同時に80年代の女子大生ブームや、90年代の女子高生ブームを経て、10代の女の子たちのエネルギーや発信力に注目が集まる時代でもありました。ミニ丈ボトム、お腹出しトップス、アームウォーマー……私が長年携わっていた雑誌「ViVi」でも、そんなガールズパワーの象徴をすくいあげて発信することでファッションのムーブメントを起こしていました。

——『ふたりはプリキュア』のキャッチコピーは「女の子だって暴れたい!」。ミニ丈ボトムやお腹出しのファッションは、パワフルな女の子の象徴ですね。

軍地　はい。2023年の今は、再びこのようなファッションが「Y2K」として人気を集めています。それにはBLACKPINKなど韓国を中心としたアーティストの、強くカッコいい女性像が「ガールクラッシュ（女性が憧れる女性）」として注目されている背景があります。ただこれらも元を辿れば、「女の子が戦って世界を変える」「お姫様ではなく、戦士に変身して強くなる」という『美少女戦士セーラームーン』（'92）やプリキュアシリーズの影響があるんですよね。特にプリキュアでは、

プリキュア

黒と白、ゴスロリ、女児向きとしては斬新だったキュアブラックとキュアホワイトの服

実はおへそが見えるデザインで「強さ」を表現しているミルキィローズ

その年のできごと

2004

- 韓流ブーム到来。
- 映画『下妻物語』公開でロリータファッション注目。
- 海外セレブブーム。

2005

- メイド・アキバブーム。「〜萌え」が流行語に。
- 東京ガールズコレクション、スタート。
- 映画『NANA』公開。
- 「GLAMOROUS」創刊。

原宿中心にロリータファッションが席巻

2006

- 「CanCam」エビちゃんOLブーム。
- グラマラス系ギャル人気。（'04年に「NIKITA」「GLITTER」創刊、'05年に「GLAMOROUS」「GISELe」創刊）

2007

- iPhone発売。
- ボーカル音源「初音ミク」発売。
- 嵐、沢尻エリカ人気。
- ◉郵政民営化。

2008

- マキシワンピース、グラディエーターサンダル流行。
- 「H&M」が日本上陸。
- レディー・ガガ『ザ・フェイム』が世界的ヒット。
- 森ガール、「小悪魔ageha」（'06年創刊）人気。
- ◉リーマンショック。

「h.NAOTO」の2008 S/S collection

p238〜241の写真すべて／アフロ

時には主人公を助けてくれようとする男性、「タキシード仮面」のような存在すら登場しません。「自分が強くなれば、自分で人を助けられる」という気づきは、それまでの女の子たちにはなかったもの。両作品が今も人気を集めているのは、この世界観や価値観が時代を問わず多くの女性たちの共感を集めているからだと思います。

東日本大震災のときには「色の力」を感じました

――2010年代のプリキュアを見て感じることはありますか。

軍地　まず思い出されるのは東日本大震災（'11）です。当時はガレキと土砂で真っ黒になってしまった被災地に誰もが衝撃を受けました。しかし同時に、ガレキの下から顔を出す鮮やかな花の色に勇気や希望を感じた人も多かった。雑誌やファッションの世界でも、改めて「色の力」や「ファッションの力」に注目する動きがありました。『スマイルプリキュア！』（'12）の鮮やかで強い色使いには、そんな思いが込められているような気がします。『Go！プリンセスプリキュア』（'15）のプリンセスや、『魔法つかいプリキュア！』（'16）の魔法つかいの世界観にはディズニーっぽさを感じますが、これには『アナと雪の女王』（'14）の大ヒットも影響していそう。華やかなドレスやボリュームのあるヘアスタイルは、いつの時代も女の子の心をときめかせますよね。『アナと雪』は、王子様に頼らず、女性同士の連携で問題を解決したり、自分自身で幸せをつかむなど、今日的なテーマを内包している点も新しかった。これらの価値観を自然に受け入れ成長していく女の子たちが、同じくプリキュアの視聴者であるという点は重要なことだと思います。『キラキラ☆プリキュアアラモード』（'17）は、コスチュームというか、もはや「キャラクターそのもの」という印象を受けますね。スイーツも動物も、子どもたちが大好きなものだと思いますが、それらを合体させてしまうのがすごい！　思えばこの頃から、「食」に力を入れるファッションビルが増え、ファッション以上にフードのトレンドが盛り上がっていきました。「フード×キャラクター」の相性の良さはビジネスの世界でも注目されています。昨年の『デリシャスパーティ♡プリキュア』（'22）もまさに「食」をテーマにしていましたね。

ダイバーシティへの意識がキャラクターにも

軍地　『HUGっと！プリキュア』（'18）は、ぱっつんと切り揃えた前髪やロリータ風コスチュームに、三戸《みと》なつめさんを始めとした**青文字系**ファッショ

ウエストを細く編み上げるコルセット風デザインがかわいい、キュアピーチ

キュアハッピーはピンクなど、この頃はキャラクターカラーが一目瞭然だった

2009
- ●エコバッグ、サルエルパンツ流行。
- ●「草食男子」話題に。
- ●EXILE人気。
- ●「イクメン」話題に。
- ◉オバマ政権発足、民主党政権。

レディー・ガガの斬新なヘアスタイルが話題

2010
- ●山ガールなどのアウトドアファッション話題。
- ●AKB48がブレイク。
- ●浅田真央、バンクーバーオリンピック銀メダル獲得。

2011
- ●チュチュスカート、透けるアイテム流行。
- ●ファッションブロガーに注目。
- ◉東日本大震災、福島原発事故。

子どもたちに大きな影響を与えたAKB48の制服風ファッション

2012
- ●黒縁メガネ、ダンガリーシャツ流行。
- ●'80年代リバイバル話題に。
- ●きゃりーぱみゅぱみゅ、つけまつげブーム。
- ◉東京スカイツリー開業、経済政策「アベノミクス」。

2013
- ●花柄パンツ流行。
- ●NHK朝ドラ『あまちゃん』人気。

ンや、原宿カルチャーを牽引する「ASOBISYSTEM（きゃりーぱみゅぱみゅさんらが所属する芸能事務所）」の雰囲気を感じます。この頃になると、デジタルネイティブ世代（1990〜2000年代生まれ）が発信をはじめ、2016年からは「**Vチューバー**」なども登場しています。『スター☆トゥインクルプリキュア』（'19）の、猫耳でレインボーカラーのスカートをはいたキュアコスモは、まさにそんなヴァーチャルの世界の住人を思わせるキャラクター。新しさや時代性を感じますし、実際私のまわりのα世代（2010〜2020年代生まれ）が一番反応するのもキュアコスモでした。

――『スター☆トゥインクルプリキュア』は、「**ダイバーシティ&インクルージョン**」をテーマにした作品でもありました。

軍地　確かに、キュアコスモがまとうダイバーシティを表すレインボーカラーのコスチュームからも、それは伝わってきます。メキシコ人とのミックスだという天宮えれなの存在も象徴的。2018年は、ヴァージル・アブローが「ルイ・ヴィトン」初の黒人デザイナーに就任した年でもあります。「自分とは違う相手を受け入れ、良さを認め合っていこう」というメッセージは、まさに時代にぴったりだと思います。

2020年代は「メタバース」や「水色界隈」の影響が

軍地　『トロピカル〜ジュ！プリキュア』（'21）は、使われる色が淡く、グラデーションの表現が目を惹きますね。デジタル世代の話をしましたが、Z世代（1996年〜2012年生まれ）やその下のα世代の女の子たちの間には「水色界隈」というファッションジャンルがあるんです。女の子らしいとされるピンクではなく、水色や白を基調としたファッションで、グラデーションや近未来的な雰囲気を含みます。VR（仮想現実）やメタバース（インターネット上の仮想空間）など「仮想空間」に影響を受けていることも特徴ですが、キュアラメールからは、まさにこの「水色界隈」のイメージを感じました。

――Z世代以降の世代は、現実と仮想現実をあまり区別しないという話も聞きます。

軍地　確かにそうです。話が少し戻りますが、2010年代の前半には、アイドルやファッションをモチーフとした「アイカツ！」というアーケードゲームや「ポケコロ」という着せ替えゲームが流行しました。「アバターを使って、仮想空間で着せ替え遊びをする」とい

プリキュア

『アナ雪』の大ヒットを受けて、プリンセスが人気に！　キュアフローラ

キュアホイップは、ケーキとうさぎを合わせたプリキュア

ダイバーシティを表すレインボーカラーのスカートが象徴的なキュアコスモ

その年のできごと

2014
- スニーカー、スリッポン、ミモレ丈スカート流行。
- プレイステーション4、Xbox発売。
- ディズニー映画『**アナと雪の女王**』大ヒット。
- ◉消費税8％に。

2015
- ガウチョパンツ流行。
- 「おフェロ」メイク話題。
- ラグビーW杯で五郎丸 歩人気。
- インバウンド旋風、「爆買い」が流行語に。
- ◉パリ同時多発テロ。

2016
- プリーツスカート流行。
- 「ポケモンGO」人気。
- 平野ノラ、星野 源人気。
- アニメ映画『君の名は。』『この世界の片隅に』公開。
- SMAP解散。
- ◉トランプ政権発足、共和党政権。

2017
- サッシュベルト、ビッグシルエット、オフショルダー流行。
- 「バブリーダンス」話題。
- 上野動物園でシャンシャン誕生。
- **乃木坂46「インフルエンサー」**で初ミリオン達成。
- 「インスタ映え」「忖度」が流行語に。

キャサリン妃のロイヤルファッションが世界中で注目の的に

2018
- PVCアイテム、ワンショルダー流行。
- ドラマ『おっさんずラブ』人気。
- 羽生結弦、平昌オリンピックで2大会連続金メダル。
- eスポーツ話題。
- 中高生の間で「TikTok」人気。
- 成人年齢を18歳とする法律が成立。
- ◉「#MeToo」運動が盛んに。

うゲームの大ヒットは、その後の「メタバース」の拡大を支えていったように思います。メタバースでは、自身の分身である「アバター」を自由に動かせます。性別も、年齢も、顔の特徴も、すべてを自由に選ぶことができるアバターなら、リアルではできないファッションや髪型も可能。さらにその姿のまま現実世界と同じような活動を行うことができます。そうなると「自分の幸せは、現実世界ではなく、メタバースにある」と考える人も出てきますし、自由で平等なメタバースに現実を近づけようとする人も出てきます。若い世代の間で「ゆめかわいい」という言葉が使われましたが、ヴァーチャルの世界がどんどんリアルな世界に広がっていると感じますね。

今、憧れられるヒロインは強くパワフルな女の子!

——2023年はプリキュア誕生20周年。『ひろがるスカイ!プリキュア』で、メインキャラクターのイメージカラーが初めてブルー系になりました。

軍地 まさに「今」、という感じ。ジェンダーレスと言うと難しいですが、「女の子は必ずしもピンクを選ばなくていい」という価値観が自然に伝わりますし、パワフルな女の子が思う存分力を発揮し、世界を変えていく姿が時代に合っていますね。レギュラー初の男子プリキュア、キュアウィングはカラーリングもいいですね。グラデーションについては先にも話しましたが、最近の子たちは、ファッションもマインドも白黒つけたがらない傾向があるんです。協調性やニュアンスでものごとを解決する……よく言えば平和主義。ファッションにおいても中間色で曖昧にしていくのが特徴です。キュアバタフライには、「Y2K」や韓国ファッションの影響が見られ、自由で自立した女の子への憧れを感じます。プリキュアは、いわば理想の自分へと変身した姿。「変身」が自分を肯定し、笑顔になれる方法であると示し、長年女の子を励まし続けてきたことが、プリキュア作品の素晴らしさだと思います。

用語解説	
Y2K	2000年ごろに流行したファッション。
青文字系	モテや男性ウケを狙った赤文字系に対し、個性的でカジュアルなファッションを志向する。
Vチューバー	2Dや3Dのキャラクターアバターを使ったヴァーチャルYouTuber。
ダイバーシティ&インクルージョン	性別、年齢、国籍など、人材の多様性を認め、受け入れて活かすこと。

※デジタル世代、Z世代、α世代などの生年区分には諸説あります。

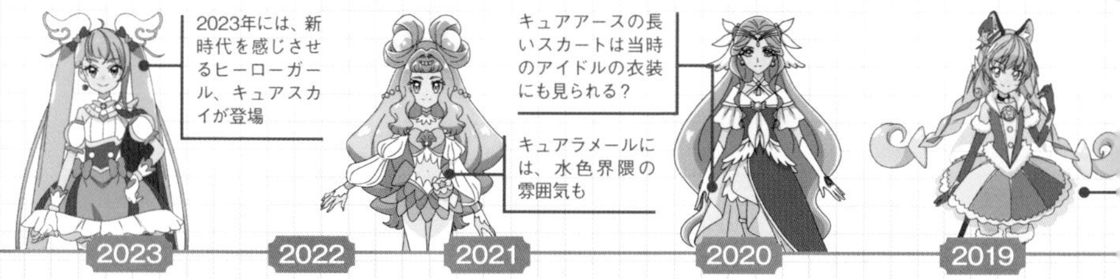

キュアアースの長いスカートは当時のアイドルの衣装にも見られる?
キュアラメールには、水色界隈の雰囲気も
2023年には、新時代を感じさせるヒーローガール、キュアスカイが登場

2019
●「ワークマン」などアウトドアファッション流行。
●ソロキャンプ話題。
●テニス女子・大坂なおみ、全豪オープン優勝。
◉新元号「令和」に。消費税10%に。

ガールクラッシュとしても注目されるK-POPアイドルのBLACKPINK

2020
●シアー素材流行。
●『鬼滅の刃』大ヒット。
●フワちゃん人気。
●BLACKPINKらK-POPアイドル人気。
●Ado、YOASOBI話題。
◉新型コロナウイルス感染症が流行。
◉菅内閣発足。

2021
●ビッグカラー、スポーツミックス流行。
●大谷翔平、メジャーリーグMVPに。
●コムドット、チャンネル登録者数100万人突破。
◉BTSが国連でパフォーマンス披露。
◉岸田内閣発足。
◉バイデン政権発足、民主党政権。

2022
●バラクラバ、アームウォーマー流行。
●「Y2K」ファッション流行。
●アニメ映画『すずめの戸締まり』公開。
◉ロシア、ウクライナ侵攻開始。

青文字系雑誌で大人気となった三戸なつめさん

2023
●ビスチェ流行。
●プリキュア20周年。
●アニメ映画『ザ・スーパーマリオブラザーズ・ムービー』公開。
●アニメ映画『名探偵コナン 黒鉄の魚影』公開。

Column13

映画オリジナルフォーム

映画に登場した特別なプリキュアのフォームを、シリーズごとに大紹介！

ふたりはプリキュア Max Heart

映画プリキュアオールスターズDX3
未来にとどけ！世界をつなぐ☆虹色の花（2011年）

世界中のみんなからのミラクルライトの応援で、プリキュア全員がパワーアップした。

キュアブラック　シャイニールミナス　キュアホワイト

ふたりはプリキュア Splash☆Star

映画プリキュアオールスターズDX3
未来にとどけ！世界をつなぐ☆虹色の花（2011年）

キュアブルーム　キュアイーグレット

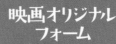

Movie Original Form

Yes！プリキュア5 Go Go！

映画Yes！プリキュア5GoGo！
お菓子の国の
ハッピーバースディ♪（2008年）

映画キャラクター、チョコラや、みんなの応援によりキュアドリームがパワーアップした。

シャイニングドリーム

映画プリキュアオールスターズDX3
未来にとどけ！世界をつなぐ☆
虹色の花（2011年）

キュアドリーム

キュアミント　キュアレモネード　ミルキィローズ　キュアルージュ　キュアアクア

フレッシュプリキュア！

キュアエンジェルピーチ

映画フレッシュプリキュア！
おもちゃの国は秘密がいっぱい!?（2009年）

おもちゃを愛するみんなのハートが集まり奇跡を起こし、キュアピーチがパワーアップした。

映画プリキュアオールスターズDX3
未来にとどけ！世界をつなぐ☆虹色の花（2011年）

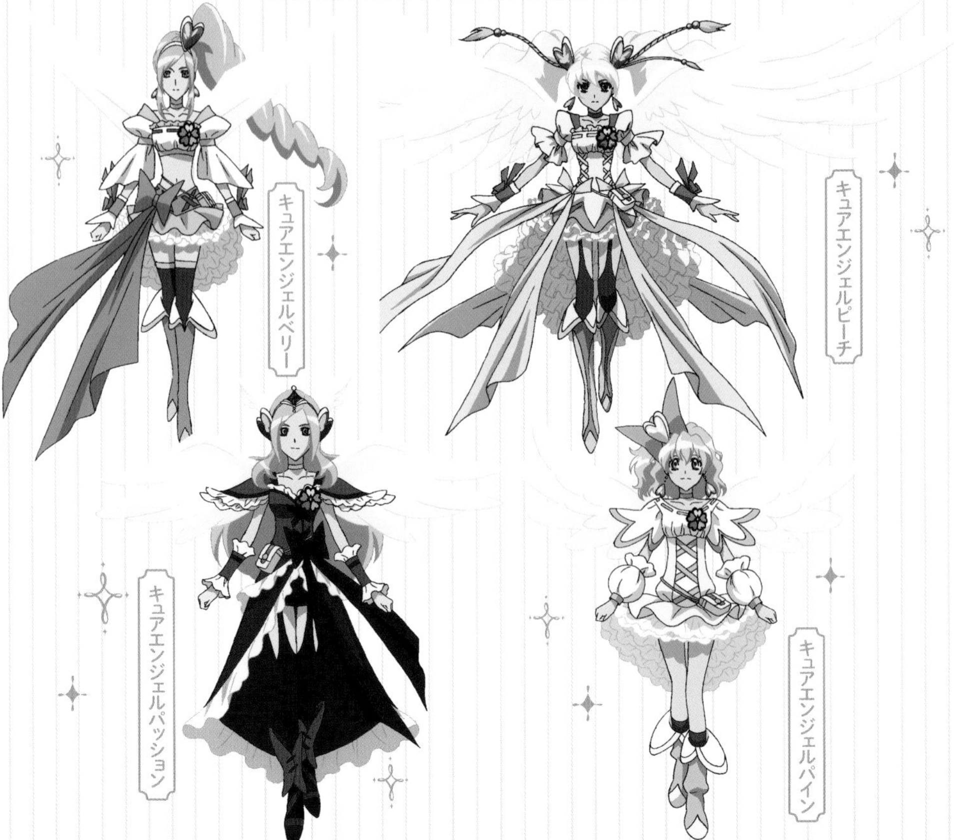

キュアエンジェルベリー

キュアエンジェルピーチ

キュアエンジェルパッション

キュアエンジェルパイン

スイート プリキュア♪

映画プリキュアオールスターズDX3
未来にとどけ！世界をつなぐ☆虹色の花（2011年）

キュアメロディ

キュアリズム

映画スイートプリキュア♪
とりもどせ！心がつなぐ奇跡のメロディ♪（2011年）

ミラクルライトとクレッシェンドトーンの導きにより、キュアメロディがパワーアップした。

クレッシェンドキュアメロディ

ハートキャッチプリキュア！

映画プリキュアオールスターズDX3
未来にとどけ！世界をつなぐ☆虹色の花（2011年）

キュアブロッサム

キュアマリン

キュアサンシャイン

キュアムーンライト

スマイルプリキュア！

映画スマイルプリキュア！
絵本の中はみんなチグハグ！
（2012年）

ウルトラキュアハッピー

ミラクルライトで送られたみんなの笑顔のパワーが奇跡を起こし、キュアハッピーがパワーアップした。

ドキドキ！プリキュア

映画ドキドキ！プリキュア
マナ結婚!!? 未来につなぐ希望のドレス（2013年）

キュアハート（エンゲージモード）

マナを守ってくれた犬のマロの魂や、みんなの応援で、キュアハートがパワーアップした。

スーパーハピネスラブリー

ハピネスチャージプリキュア！

映画ハピネスチャージプリキュア！
人形の国のバレリーナ（2014年）

ミラクルライトの応援のパワーと、映画キャラクター、つむぎの祈りによりキュアラブリーがパワーアップした。

Go！プリンセスプリキュア

映画プリキュアオールスターズ
春のカーニバル♪（2015年）

モードエレガント・プリマヴェーラ

歌とダンスが好きなプリキュアの想いの結晶から生まれたドレスアップキーで、キュアフローラたちがパワーアップした。

映画Go！プリンセスプリキュア
Go！Go!! 豪華3本立て!!!
パンプキン王国のたからもの
（2015年）

モードエレガント・ハロウィン

ミラクルライトの応援の力で生まれたドレスアップキーで、Go！プリンセスプリキュアの4人がパワーアップした。

魔法つかいプリキュア！

キュアミラクル

キュアマジカル

映画プリキュアオールスターズ
みんなで歌う♪奇跡の魔法！
（2016年）

ミラクルライトの応援の力と、映画キャラクター、ソルシエールの歌声により奇跡が起こり、キュアミラクルとキュアマジカルがパワーアップした。

映画魔法つかいプリキュア！
奇跡の変身！キュアモフルン！（2016年）

願いの石にモフルンの願いが聞き入れられ、キュアモフルンに変身した。

キュアモフルン（ルビースタイル）

キュアモフルン

キュアモフルン（トパーズスタイル）

キュアモフルン（サファイアスタイル）

Movie Original Form

ハートフルスタイル

ミラクルライトの応援の力が奇跡を起こし、魔法つかいプリキュア！の3人とキュアモフルンがパワーアップした。

キュアモフルン　キュアミラクル　キュアマジカル　キュアフェリーチェ

キラキラ☆プリキュアアラモード

ミラクルライトの応援の力が奇跡を起こし、シエルにかけられた呪いが解け、キュアホイップたちがパワーアップした。

映画キラキラ☆プリキュアアラモード
パリッと！想い出のミルフィーユ！（2017年）

キラリンパルフェ

パティシエ修業中のキラ星シエルがスランプにおちいってしまい、プリキュアに変身しようとして、キラリンのままパルフェの姿になってしまった。

キュアカスタード

キュアホイップ

キュアマカロン

キュアジェラート

キュアパルフェ

キュアショコラ

スター☆トゥインクルプリキュア

映画スター☆トゥインクルプリキュア
星のうたに想いをこめて（2019年）

12星座ドレス

宇宙ハンターたちとの戦いの際に、スター☆トゥインクルプリキュアが12星座をモチーフにしたドレスにパワーアップした。

キュアスター（牡牛座ドレス）

キュアコスモ（牡羊座ドレス）

キュアミルキー（獅子座ドレス）

キュアミルキー（蟹座ドレス）

キュアコスモ（双子座ドレス）

ベビープリキュア

映画キャラクターのミデンに想い出を奪われてしまい、ベビープリキュアになってしまった。

キュアアンジュ

キュアマシェリ

キュアアムール

キュアエトワール

HUGっと！プリキュア

映画HUGっと！プリキュア♡ふたりはプリキュア
オールスターズメモリーズ
（2018年）

キュアセレーネ（射手座ドレス）

キュアソレイユ（蠍座ドレス）

キュアソレイユ（天秤座ドレス）

キュアコスモ（乙女座ドレス）

キュアスター（魚座ドレス）

キュアコスモ（水瓶座ドレス）

キュアセレーネ（山羊座ドレス）

ヒーリングっど♥プリキュア

映画プリキュアミラクルリープ
みんなとの不思議な１日
（2020年）

スーパーグレース

ミラクルンライトの応援の力で生まれたエレメントボトルで、キュアグレースがパワーアップした。

映画ヒーリングっど♥プリキュア
ゆめのまちでキュン！っとGoGo！大変身!!（2021年）

カグヤグレース

映画キャラクター、カグヤを助けるため、キュアグレースが変身したオリジナルフォーム。

ドリームキュアグレース

キュアドリームとキュアグレースが手を繋ぎ、蝶のモチーフの合体フォームとなって戦 った。

パートナーフォーム

プリキュアと強い絆で結ばれているヒーリングアニマルと合体した、パートナーフォーム。

トロピカル～ジュ！プリキュア

映画トロピカル～ジュ！プリキュア
雪のプリンセスと奇跡の指輪！
（2021年）

スノークリスタル・トロピカルスタイル

映画キャラクター、シャロンを想うプリキュアの気持ちから生まれたハートクルリングの力で、キュアサマーたちがパワーアップした。

キュアサマー

キュアパパイア

キュアコーラル

キュアラメール

キュアフラミンゴ

キュアプレシャス

デリシャスパーティ♡プリキュア

映画デリシャスパーティ♡プリキュア
夢みるお子さまランチ！（2022年）

お子さまランチドレス

プリキュアとエナジー妖精が、それぞれのイメージのお料理があしらわれたドレス姿に変身。

キュアスパイシー

キュアヤムヤム

キュアフィナーレ

映画オリジナルキャラクター

映画に登場した、オリジナルプリキュアが集合。レアな設定画は見逃せない！

ダークドリーム

映画Yes！プリキュア5
鏡の国のミラクル大冒険！（2007年）

ダークプリキュア5

敵のシャドウによって作られた悪のプリキュア。

ダークレモネード

ダークルージュ

ダークミント

ダークアクア

映画ハートキャッチプリキュア！
花の都でファッションショー…ですか!?（2010年）

キュアアンジェ

最初の砂漠の使徒を倒した、初代のプリキュア。

映画プリキュアオールスターズ NewStage
みらいのともだち（2012年）

映画キャラクター・坂上あゆみが覚醒して、プリキュアに変身した。

キュアエコー

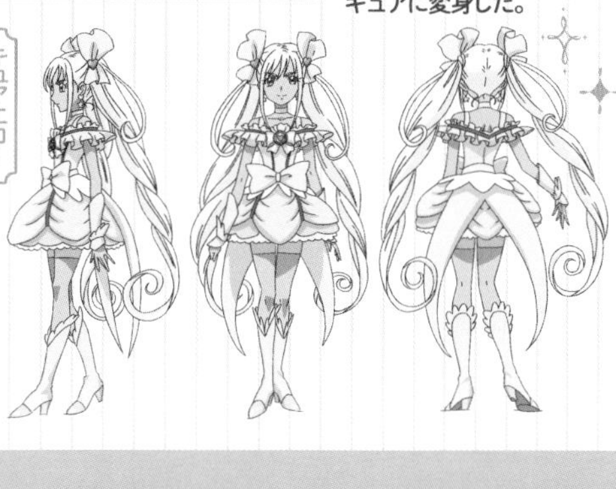

プリキュア20周年アニバーサリー

プリキュアコスチュームクロニクル

2023年10月31日　第1刷発行
2024年８月９日　第5刷発行

編集／講談社

監修／東映アニメーション株式会社

構成・編集協力／小林美姫　小川聖子　小渕早紀　中村敦子　伊澤瀬菜

デザイン／ primary inc.,
Chief Designer　東妻詩織
Designer　今井香菜

撮影／恩田亮一（本社写真映像部）

撮影協力／バンダイ

発行者／森田浩章
発行所／株式会社講談社
〒112-8001　東京都文京区音羽 2-12-21

電話／出版　03-5395-3489
販売　03-5395-3625
業務　03-5395-3603
印刷所／TOPPAN株式会社
製本所／大口製本印刷株式会社

KODANSHA

この本は「プリキュア15周年アニバーサリー プリキュアコスチュームクロニクル」（2018年10月31日刊行）を底本に追加取材をし、再編集したものです。

定価はカバーに表示してあります。

ISBN978-4-06-532401-1　Printed in Japan
N.D.C.778　255p　21cm

落丁本・乱丁本は、購入書店名を明記のうえ、小社業務あてにお送りください。
送料小社負担にてお取り替えいたします。
なお、内容についてのお問い合わせは、「おともだち・たのしい幼稚園」あてにお願いいたします。

参考文献

『稲上 晃 東映アニメーションワークス』『川村敏江 東映アニメーションプリキュアワークス』『香川 久 東映アニメーションプリキュアワークス』『馬越嘉彦 東映アニメーションワークス』『改訂版 高橋 晃 東映アニメーションプリキュアワークス』『佐藤雅将 東映アニメーションワークス』『中谷友紀子 東映アニメーションプリキュアワークス2』『Febri』Vol.30、Vol.36（以上一迅社刊）
『スマイルプリキュア！コンプリートファンブック』『ドキドキ！プリキュア オフィシャルコンプリートブック』『ハピネスチャージプリキュア！ オフィシャルコンプリートブック』（以上学研パブリッシング刊）
『Go！プリンセスプリキュア オフィシャルコンプリートブック』『魔法つかいプリキュア！ オフィシャルコンプリートブック』『キラキラ☆プリキュアアラモード オフィシャルコンプリートブック』（以上学研プラス刊）
『香川 久 × 馬越嘉彦　バトルヒロイン作画＆デザインテクニック』（玄光社刊）
『プリキュアぴあ』（ぴあ刊）
『月刊アニメージュ』2012年12月号、2017年1月号増刊、2018年1月号増刊、2018年7月号（以上徳間書店刊）
『ふたりはプリキュア　ビジュアルファンブック』Vol.1、Vol.2、『ふたりはプリキュア　マックスハート　ビジュアルファンブック』Vol.1、Vol.2（以上講談社刊）

Precure Costume Chronicle